Docteur Gérard **Dieuzaide**

Préface de René Olivier

ET SI ÇA VENAIT DES ONDES ?

Les incidences de la 5G et autres perturbateurs électromagnétiques

Des solutions à l'électrosensibilité et la fibromyalgie

Un ouvrage paru
sous la direction de Cécile Carru

Dangles
EDITIONS

Du même auteur

Libérez-vous de ces matières parasites... – Une méthode complète pour tester son électrosensibilité, éd. Guy Trédaniel éditeur, 2011.

Les Maladies des ondes – Comment s'en préserver, éd. Dangles, 2014.

Et si ça venait des dents ?, éd. Dangles, 2018.
Testing thérapie, éd. Dangles, 2019.

Pour contacter l'auteur

9, rue de la Pomme – 31000 Toulouse
www.dieuzaide-electrosensibilite.com/fr
dieuzaide@hotmail.com

Maquette : François Le Moël – idee.graphic@free.fr

ISBN : 978-2-7033-1273-4

Une marque du groupe éditorial Piktos,
Éditions Dangles – 355, rue de la Montagne-Noire – 31750 Escalquens

www.editions-dangles.fr

Avertissement

Ni l'auteur ni l'éditeur ne sont responsables des dommages présumés ou réels qui pourraient découler d'une mauvaise pratique et interprétation des lecteurs, ou par l'application directe ou indirecte des conseils présentés dans cet ouvrage.
Les recommandations contenues dans ce livre ne remplacent pas le diagnostic et les conseils des services médicaux et ne doivent en aucun cas se substituer à un traitement médical.

*Je remercie la docteure Vanessa Rey, chirurgien-dentiste,
titulaire d'un doctorat de troisième cycle en parodontologie,
implantologie, et d'une certification en chirurgie
dentaire laser assistée, faculté odontologique Paris VII,
diplômée du GEPI en implantologie et parodontologie,
pour avoir participé au chapitre
« La bouche, principal facteur de risques ».*

*À Jeanne, Louise, Roméo, Christine et Jean-Michel qui, tous,
par leur seule existence, m'ont toujours soutenu
dans le difficile travail d'écriture.
À tous mes patients, auxquels je dois tout ce que je sais...*

Abréviations

FBM : fibromyalgie

MCS : multichimicosensibilité ou hypersensibilité chimique multiple

IEI-CEM : intolérance environnementale idiopathique aux champs électromagnétiques

SICEM : syndrome d'intolérance aux champs électromagnétiques

EHS : électrohypersensibilité ou électrosensible(s)

SFC : syndrome de fatigue chronique

RF : radiofréquence

CEM : champ(s) électromagnétique(s)

SDA : syndrome de l'amalgame

Préface de René Olivier

> 500 ans avant J.-C., le philosophe grec Héraclite disait : « À tous les hommes, il est accordé de se connaître eux-mêmes et de faire preuve de sagesse. » Il disait aussi : « Les hommes ne font pas un usage convenable de la raison... Il existe bien un bon usage de la pensée, un bon raisonnement à propos de tout ce qui est, qui doit être distingué des manières de connaître qu'adoptent les hommes et auxquelles ils ont la faiblesse de se tenir. »
>
> Nous avons laissé notre vie entre les mains de la « science » et des industriels, donc des financiers et autres investisseurs, mais nous avons aussi perdu notre libre arbitre vital, notre intelligence physiologique. Bientôt, nous perdrons nos sens, le goût, l'odorat, le toucher, notre capacité à procréer... Les observations et les statistiques sont là. Il nous reste à les faire mentir.

Si, au XIXe siècle, nous étions une société cultivée et pragmatique, nous avons miné la culture et le bon sens de nos aïeux par un scientisme despotique et par les dérives perverses de notre économie de marché au cours du XXe siècle et jusqu'à nos jours.

Nos anciens prenaient des décisions en fonction des connaissances de leur époque et en respectant les besoins vitaux des hommes, majoritairement grâce à la tradition culturelle de la population. Ces décisions ont fait évoluer notre société, mais notre rôle est de constamment les rapporter aux nécessités du vivant. Nous ne pouvons vivre sans faire évoluer intelligemment notre conception de la vie et sans l'améliorer pour le bénéfice de tous les hommes, et de tout ce qui nous entoure.

Hippocrate de Cos a apporté à la santé et à la médecine une pensée analytique et une approche méthodique pour décrypter les symptômes d'une maladie en écartant tout empirisme, mais aussi en imposant une autorité scientifique sur le diagnostic. Du XIXe siècle à nos jours, la science a véritablement pris un pas mécaniste sur les fondements du vivant en abordant les phénomènes physiopathologiques suivant le modèle réducteur des liens de cause à effet. Toutes les altérations pathologiques, physiologiques, comportementales, psychiques ou cognitives, non maîtrisables par cette phénoménologie ont, petit à petit, été éliminées comme si elles n'existaient pas. Le développement exponentiel des technologies durant cette même période a, de fait, pris la place des humanités – reliquat de l'intelligence pragmatique des présocratiques –, qui étaient, à un niveau international, une condition sine qua non à l'éducation universitaire jusqu'à la fin des années 1960, et en particulier pour intégrer le cursus des études médicales.

Hippocrate a voulu faire de la médecine une médecine intelligente par l'explication scientifique que l'on peut construire à propos de la santé, sauf que les sciences ont leurs limites et leurs faiblesses, et qu'elles sont loin de tout expliquer et de tout maîtriser. Un scientifique du domaine médical n'a pas une vision globale d'un système vivant. Il travaille sur une molécule, sur un mécanisme de biologie moléculaire ou cellulaire, de biochimie, de biophysique, de physiologie, ou plus rarement de physique. Son approche est, par essence, provisoire. Je me rappelle mon premier cours d'immunologie avec le professeur Michel Fougereau, un père de l'école française d'immunologie, qui nous disait, dans un amphithéâtre de l'université de Lyon : « Ce que je vous enseigne aujourd'hui sera remis en cause demain, et sera désuet après-demain. Gardez cela à l'esprit si vous voulez de la pertinence dans vos recherches futures. » Ce que j'ai appris par la pratique des sciences et de la recherche, c'est que, concernant le vivant, chaque découverte se doit d'être revisitée en permanence et remise en question, car nous ne connaissons rien ou presque du vivant, et ce vivant est en perpétuelle évolution. Ce vivant, c'est nous, les êtres humains ; ce sont les animaux, les plantes, les micro-organismes, notre planète, les océans, les forêts ; mais ce sont aussi ces entités que l'on appelle des « sociétés ».

Dans les années 1990, dans certaines facultés de médecine, il a été question de retirer l'enseignement de la physiologie – l'un des derniers bastions des siècles passés de l'approche globale du vivant – au bénéfice de technologies d'électronique ou d'analyses génomiques, faute de temps dans les plannings d'enseignement. Fort heureusement, l'Académie de médecine a statué à la même époque sur l'importance de la physiologie en médecine. La physiologie n'a pas disparu des enseignements : hasard ou opportunité ?

Un physiologiste américain de la faculté de médecine de Harvard, le Pr Walter Cannon, inventa au début du XXe siècle le terme « homéostasie » qui désigne le potentiel d'un système vivant à conserver un équilibre dynamique de l'organisation de son environnement intérieur. Toutes les fonctions corporelles sont constitutives de cette homéostasie. La respiration, la digestion, la transformation et l'assimilation des produits et des constantes apportés de l'extérieur (gaz, chaleur, froid, ondes électromagnétiques, eau, nutriments, oligoéléments...), la composition de chaque compartiment physiologique et de leur production (sang, liquide céphalorachidien, secrétions et excrétions, etc.), les fonctions cardiaques et cérébrales assurent l'équilibre de l'ensemble de l'organisme et la stabilité de ses fonctions. Les hormones sécrétées par différentes structures biologiques du corps humain, les glandes, le système immunitaire, le système nerveux végétatif et même le microbiote constitué des espèces microbiennes peuplant par exemple le tractus digestif, et plein d'autres encore, sont les outils de communication de cette régulation.

Cette homéostasie – approche globale du vivant – a conforté l'importance du travail de Claude Bernard, médecin et physiologiste français qui décrivit, en 1855, le « milieu intérieur » soumis à des régulations qui en ajustent les paramètres en liaison avec le monde extérieur. Plus tard, le Pr Walter Cannon développa un concept fondamental concernant le vivant : « Un organisme soumis aux contraintes de son environnement extérieur réagit par des réponses adaptatives, en produisant des réactions physiologiques lui permettant de fournir l'énergie nécessaire et suffisante pour assurer la stabilité de son environnement intérieur. »

L'approche mécaniste prépotente depuis le début du XXe siècle a dichotomisé ce milieu intérieur par la distinction scientifique historique des organes et systèmes physiologiques du corps humain, allant jusqu'à la dissection moléculaire des gènes en fonction des travaux et publications des scientifiques, faisant de la science biologique et médicale une véritable tour de Babel dans laquelle des dizaines de milliers de scientifiques tiennent un discours incompréhensible les uns pour les autres. Il n'est pas rare aujourd'hui qu'un chercheur ne trouve dans le monde entier qu'un ou deux autres chercheurs susceptibles d'aborder les mêmes sujets de recherche.

Que le lecteur imagine ce que l'ensemble de la profession médicale peut comprendre des travaux de recherche que l'immense majorité des scientifiques n'entend pas...

Hippocrate a « jeté le bébé avec l'eau du bain » en délaissant les humanités et autres approches non mécanistes que les présocratiques considéraient, et que notre société humaine, après les avoir expurgées dans les années 1960, essaye de réinstaller : la psychologie humaine, le langage à travers la littérature, la nutrition, les relations avec l'environnement, etc. En Suède, le Pr Anders Palm – professeur de littérature et désormais docteur honoris causa de médecine – a travaillé durant de nombreuses années à la restauration de ces humanités que sont les lettres et sciences humaines et sociales dans le cursus des études de médecine. Anders Palm a permis la réintégration des humanités dans la formation des médecins suédois pour faire d'ingénieurs-cliniciens des thérapeutes empathiques et soucieux de consolider la place physiologique de l'homme dans son comportement social, psychique et cognitif.

Que le lecteur imagine ce qu'une population non scientifique et non médicale peut comprendre des travaux de recherche que l'immense majorité des scientifiques et du corps médical n'entend pas...

Cet impact mécaniste a également formaté l'intellect de Monsieur et Madame Tout-le-monde, mais aussi celui des hommes malades jusqu'au renoncement à la compréhension des phénomènes pathologiques, laissant aux ingénieurs que sont devenus les médecins, la stricte décision du diagnostic, leur signant un consentement

« éclairé » pour toute intervention chimique ou chirurgicale sans en connaître la signification.

Aujourd'hui, l'homme a tendance à restreindre la définition de l'environnement à ce qui l'entoure, mais il est, lui-même, une part de cet environnement et néglige conceptuellement l'environnement intérieur qui inscrit son être dans le phylum universel, comme s'il n'était qu'une bulle vide dans son univers.

La vie étant l'expression d'un équilibre métabolique permanent, tout stress, toute empreinte de son environnement sera une nouvelle aventure pour le vivant, modifiant cet équilibre soit par la construction (anabolisme), soit par la destruction (catabolisme), appelant des phénomènes contraires pour rétablir en permanence l'équilibre essentiel de la vie et permettre ainsi au vivant de s'adapter. C'est ce qui donne à la vie cette richesse de chaque instant, cette redéfinition de l'être et sa pérennité.

La maladie est une réponse intelligente de la physiologie d'un être vivant à un stress imposé. Cela signifie qu'un langage physiologique existe à l'intérieur de notre corps en relation avec notre environnement et notre comportement. Il faut savoir écouter et comprendre cette langue. Le thérapeute, interprète du langage, doit le déchiffrer et en donner la traduction au patient qui doit prendre la décision thérapeutique en pleine conscience, pour redonner un équilibre idiosyncratique au vivant (*idiosyncrasie* : prédisposition particulière de l'organisme qui fait qu'un individu réagit d'une manière personnelle à l'influence des agents extérieurs). Être en bonne santé, c'est être le décideur de son comportement dans la compréhension consciente de l'environnement interne et externe de son corps.

Comment l'homme qui n'a plus la notion de sa propre physiologie, de sa propre santé, peut-il s'intéresser aux autres hommes ? Comment l'homme peut-il comprendre le mal qu'il fait à la planète, puisqu'il ne comprend pas le mal qu'il se fait ? Comment l'homme peut-il comprendre comment soigner la planète, alors qu'il ne se connaît pas et qu'il ne sait pas prendre soin de lui-même ?

Les travaux du Dr Gérard Dieuzaide apportent des clés de compréhension du langage de notre milieu intérieur en réponse à l'influence de facteurs artificiels. Il dénonce, dans cet ouvrage, les effets des ondes électromagnétiques sur le développement de pathologies physiques, physiologiques et psychologiques, ainsi que l'activité de relais de transmissions électromagnétiques de certains matériaux (métaux, alliages, résines...) générant ou amplifiant des phénomènes pathogènes chez les personnes qui les portent.

René Olivier
Immunologiste et psychologue

Formé en biochimie et immunologie à Lyon dans l'unité Inserm n° 80 des professeurs Jean-Pierre Revillard et Jean-Louis Touraine, René Olivier rejoint, en 1985, l'unité d'oncologie virale du Pr Luc Montagnier à l'institut Pasteur pour créer un laboratoire de recherche en immunologie cellulaire dédié au sida. Au cours de plusieurs séjours de formation et de collaboration dans le laboratoire des professeurs Lea et Len Herzenberg à l'université de Stanford en Californie, il s'intéresse au principe vital de la cellule, au stress oxydatif et aux antioxydants, et développe des projets de recherche clinique dans ces domaines pour complémenter les traitements antirétroviraux de l'infection à VIH.

Il est auteur et coauteur de plusieurs ouvrages et publications scientifiques sur le stress oxydatif, le cancer, le sida et les maladies dégénératives. De 2004 à 2014, René Olivier est secrétaire général de la Fondation mondiale pour la recherche et la prévention sur le sida, fondation qui travaille avec des gouvernements d'Afrique subsaharienne à la mise en place des centres de recherche bioclinique. Il est l'un des trois fondateurs de l'institut de recherche Luc Montagnier créé en novembre 2009 à Paris et dédié aux maladies chroniques, et administrateur de l'ECERI (European Cancer and Environment Research Institute), Bruxelles, présidé par le professeur Dominique Belpomme.

René Olivier a organisé, en collaboration avec le Sénat français et différents gouvernements, des conférences internationales dédiées à la médecine intégrative transdisciplinaire, alliant traditions et médecine moderne.

Formé également en psychologie, il a travaillé au développement de groupes de thérapie ; et, sensibilisé à la psycho-neuro-immunologie, il intègre l'importance de la psychologie dans la compréhension et le suivi des maladies chroniques. Il prépare actuellement un programme d'éducation à la santé. Depuis 2014, il propose ses services comme consultant pour des projets et des programmes de santé publique développés par des gouvernements, des ONG ou des structures entrepreneuriales.

Sommaire

Prologue

« Les préjugés sont la raison des sots. »
Voltaire, *Poème sur la Loi naturelle*

À l'heure où la 5G est entrée dans nos vies, faut-il nier l'évidence ? C'est pourtant l'évidence qui pousse à connaître le pourquoi et le comment des choses ! C'est l'évidence qui a créé la méthode expérimentale de Claude Bernard. C'est la méthode expérimentale de Claude Bernard qui a poussé Pasteur au-delà des connaissances de son temps, en dépit des certitudes négatives des diverses hiérarchies scientifiques et médicales détentrices de la connaissance. C'est la même évidence qui m'a poussé vers les solutions décrites dans ce livre.

Fatigue chronique, maux de tête, cervicalgie, douleurs multiples, problèmes de concentration, vertiges, troubles du sommeil, sensation d'oppression, troubles du rythme cardiaque, troubles neurodégénératifs, dépressions : ces problèmes de santé, de plus en plus fréquents, gâchent la vie de plusieurs millions de personnes.

Actuellement, quand on parle de progrès en médecine, il s'agit toujours de progrès technologiques – une instrumentation en chirurgie, un nouveau procédé d'investigation diagnostique ou un nouveau médicament.

Mais le vrai progrès ne serait-il pas que le médecin soit en mesure de mieux poser le problème, de comprendre l'origine de la maladie pour être ainsi capable d'agir efficacement, en traitant l'origine et non la conséquence ?

C'est ce que je propose notamment pour ces « maladies » dites sans causes connues, et qui, pourtant, en ont une. Je me réfère ainsi à la célèbre maxime d'Einstein : « Un problème sans solution est un problème mal posé. »

C'est cette nécessité de repenser les choses que ce livre veut exprimer sur des troubles de santé mal étiquetés, qui concernent plusieurs millions de personnes en France. Je pense notamment à l'électrohypersensibilité, à la chimicosensibilité, à la fibromyalgie et à la fatigue chronique. Quand je parlerai de l'une, je parlerai de l'autre.

Je considère que la vérité d'un concept est plus dans la valeur de ses conséquences pratiques, donc ici thérapeutiques, que dans une réflexion dogmatique. En ce qui concerne les maladies évoquées ici, aucune vraie solution n'a été apportée jusqu'à aujourd'hui par la médecine officielle. Pourtant, il en existe. Vous les découvrirez dans ces pages. Améliorer le confort de vie des personnes concernées par ces terribles maladies est l'unique but de cet ouvrage.

Introduction

« Il est aisé de s'accrocher à ses stéréotypes ou à des idées préconçues, on se sent ainsi rassuré dans sa propre ignorance. »
Michelle Obama, *American Grown*, 2012.

Les premières descriptions d'une possible association entre l'exposition à des ondes électromagnétiques et certains symptômes datent de 1932.

Dès le milieu du XXe siècle, avec le développement de certaines applications civiles et militaires dans le domaine des radars, divers articles ont également évoqué la relation possible entre certains symptômes et le fait de travailler à proximité de ces installations. Plus tard, dans les années 1980, au fil du développement économique et technologique, on a associé certains troubles à un travail avec des écrans cathodiques d'ordinateurs. Puis, dans les années 1990, on les a attribués à la présence d'appareils électroménagers, d'installations électriques et bien sûr, de technologies de communication mobile. On cite notamment les ampoules basse consommation, babyphones, ordinateurs, GPS, Wi-Fi, téléphones portables, tablettes, jeux vidéo, auxquels s'ajoutent aujourd'hui les compteurs Linky et la 5G.

Nos sociétés modernes reposent sur un socle technologique émetteur d'ondes électromagnétiques, ondes invisibles de plus en plus complexes et de plus en plus présentes. Ce phénomène très récent n'offre que peu de recul sur les risques encourus.
Les ondes sont partout. Nous sommes cernés, nous ne pouvons plus y échapper. L'être humain du XXIe siècle baigne dans un brouillard électromagnétique, l'« électrosmog », dont nous ne savons pas exactement quelles seront les conséquences pour le futur de l'humanité.

C'est en 1997 qu'apparaît l'expression « hypersensibilité électromagnétique ». De manière plus complexe, en 2006, l'Organisation mondiale de la santé (OMS) évoque l'« intolérance environnementale idiopathique attribuée aux ondes électromagnétiques », le terme « idiopathique » signifiant « sans cause identifiée ». Je préfère utiliser le terme « électrohypersensibilité » (EHS), qui est le plus communément employé aujourd'hui par l'ensemble des personnes qui s'intéressent à cette question. Je parlerai aussi de « maladie des ondes » pour évoquer cette problématique de santé. Je vous rappelle que, pour moi, la fibromyalgie (FBM), l'hyperélectrosensibilité électromagnétique (EHS), l'hypersensibilité chimique multiple (MCS), comme le syndrome de fatigue chronique (SFC), en font partie.

Une centaine de symptômes fonctionnels, qu'on retrouve dans d'autres pathologies, sont attribués à ces problèmes de santé, parmi lesquels troubles du sommeil, fatigue, maux de tête, douleurs diverses, etc. Tous ces troubles sont différents d'une personne à l'autre. Pour cette raison, on dit qu'ils ne sont pas spécifiques. Le taux de prévalence qui revient dans certaines études[1] est pour l'ensemble entre 5 % et 10 % de la population totale, avec de grandes difficultés pour en définir le périmètre. En termes de chiffres, en France, ce sont 4 ou 5 millions de personnes qui seraient concernées !

Certaines d'entre elles se disent hypersensibles aux champs électromagnétiques basses fréquences, par exemple ceux émis par les lignes à haute tension, mais d'autres accusent les champs radiofréquences ou hautes fréquences, comme la téléphonie mobile ou les communications hertziennes. D'autres se disent détruites par la présence de certains produits chimiques, des odeurs, des pollutions invisibles et de toute nature qui font de leur vie un véritable calvaire.

Cependant, d'autres personnes encore, comme les fibromyalgiques ou les fatigués chroniques, n'ont jamais entendu parler de la maladie des ondes, et ne peuvent donc pas se reconnaître dans cette catégorie, alors qu'elles en sont les victimes. Elles représentent environ 2 millions de personnes.

---

1. ANSES, *Hypersensibilité électromagnétique ou intolérance environnementale idiopathique attribuée aux champs électromagnétiques*, mars 2018.

Des opinions contradictoires ?

La thématique de l'électrosensibilité, que l'on pourrait aussi appeler celle de la « maladie des ondes », est devenue un monde de passions plus que de raison. Les idées préconçues et les stéréotypes, voire les ego, jaillissant de part et d'autre, mettent en évidence la difficulté d'un débat sain et positif. Nous avons face à face, d'une part, l'opinion de la médecine officielle, qui considère que ces maladies n'existent pas, et d'autre part, celle des « malades » et de leurs associations, qui considèrent que les ondes sont responsables de leurs problèmes de santé.

Les ondes sont aussi dans les médias. La presse et la télévision nous informent, à travers de nombreux témoignages, que ces rayonnements gâchent l'existence quotidienne de nombreuses personnes. Des personnalités du monde médical s'élèvent pour dénoncer un scandale sanitaire, d'autres – en général les autorités médicales –, tout aussi respectables, affirment que ces ondes sont inoffensives !

Déjà en 2001, un rapport du Parlement européen indiquait : « Il conviendrait de vivement déconseiller l'utilisation prolongée de téléphones mobiles par les enfants – et particulièrement par les préadolescents – en dehors des situations d'urgence, compte tenu de la vulnérabilité accrue de ces sujets à tout effet indésirable potentiel sur la santé[2]. »

En 2010, la compagnie d'assurances Lloyds affirme dans un de ses rapports qu'elle n'assurera pas le risque lié à la téléphonie mobile, comme elle n'avait pas assuré en son temps le risque lié à l'amiante.

En mai 2011, l'OMS (Organisation mondiale de la santé) a classé les ondes des téléphones portables en catégorie « 2B », au même titre que le pesticide DDT ou le plomb, c'est-à-dire « facteur cancérogène avec des preuves limitées ou possibles ».

2. Parlement européen, direction générale des études, « Effets physiologiques et environnementaux des rayonnements électromagnétiques non ionisants », mars 2001.

En avril 2012, certains scientifiques réunis à Londres au congrès Children with cancer 2012[3], n'hésitaient pas à parler de « la plus grande expérience technologique dans l'histoire de notre espèce ».

En mars 2013, le gouvernement belge a interdit le portable aux enfants de moins de 7 ans.

Le 9 février 2015, le Sénat a enfin adopté, après mille difficultés, la loi Abeille, reconnaissant ainsi la possible nocivité pour les jeunes enfants de leur exposition au Wi-Fi, qui est aujourd'hui interdit dans les écoles maternelles. Pour la première fois également, à cette occasion, le mot « électrosensibilité » paraissait dans un texte officiel.
La loi 2015-136 « relative à la sobriété, à la transparence, à l'information et à une meilleure concertation en matière d'exposition aux ondes électromagnétiques », dite loi Abeille, a été publiée en janvier 2015. Les principales mesures concernent les enfants, avec l'interdiction de la publicité à destination des moins de 15 ans pour les téléphones mobiles et l'interdiction du Wi-Fi dans les crèches (enfants de moins de 3 ans).

En mai 2015, 200 scientifiques de 39 pays ont lancé un appel aux Nations unies et à l'OMS pour exprimer leur inquiétude quant à l'augmentation des rayonnements des technologies sans fil.

Le 8 juillet 2016, un rapport de l'Agence nationale de sécurité sanitaire (ANSES) informe que les ondes électromagnétiques émises par les téléphones portables, les tablettes tactiles ou les jouets connectés pourraient avoir des effets sur les fonctions cognitives – mémoire, attention, coordination – des enfants[4].

Le 27 mars 2018, l'ANSES souligne que la souffrance et les douleurs exprimées par les personnes se déclarant EHS correspondent à une réalité vécue les conduisant à adapter leur quotidien pour y faire face. Dans ce contexte, l'agence recommande une prise en charge adaptée des personnes concernées.

---

3. Children with cancer UK, « *Celebrating success and raising hopes for a better future* », *Annual Review 2012.*
4. ANSES, *Exposition aux radiofréquences et santé des enfants*, juin 2016.

Force est de constater que la pression monte. De plus en plus d'associations interpellent les pouvoirs publics sur cette problématique. Des questions sont soulevées pour apporter des réponses à ces centaines de milliers de personnes se disant handicapées par les émissions électromagnétiques de l'ensemble de ces technologies modernes.

Les réseaux sociaux se sont emparés du sujet, multipliant les informations en provenance du monde entier, interpellant ainsi une grande partie de nos populations.

Certaines victimes des ondes, soit de façon indépendante, soit par l'intermédiaire de leurs associations, soit parfois par des actions de groupe ouvertes par des cabinets d'avocats, ont commencé à saisir les tribunaux. Des collectifs de défense d'électrosensibles se sont créés partout en France, comme à l'étranger.

Les victimes du SICEM (syndrome d'intolérance aux champs électromagnétiques) ne trouvent que peu d'aide auprès des autorités médicales. Pour celles-ci, la maladie des ondes n'existe pas.

« En l'état actuel des connaissances, avec toutes les précautions d'usage évoquées concernant les méthodologies utilisées, il n'existe pas de preuves expérimentales solides permettant d'établir un lien de causalité entre l'exposition aux champs électromagnétiques et les symptômes décrits par les personnes se déclarant électrohypersensibles[5]. »

Parmi les hypothèses de recherche analysées, l'ANSES (Agence nationale de sécurité sanitaire de l'alimentation, de l'environnement et du travail) a attiré l'attention sur des études mettant en évidence l'effet nocebo, ce qui laisse penser que les EHS ont en réalité des problèmes venant de leur tête.

Comme nous allons le voir, la société civile, contrairement aux autorités médicales, admet à travers certains jugements des tribunaux que

5. ANSES, *Hypersensibiliré électromagnétique ou intolérance environnementale idiopathique attribuée aux champs électromagnétiques*, mars 2018.

leur souffrance est bien due à une exposition à leur environnement électromagnétique.

Peut-on faire confiance à la science ?

Ces dernières décennies ont vu se succéder un très grand nombre de scandales sanitaires de toute nature.

Dans les années 1960, on a commencé à comprendre que le diéthylstilbestrol, une hormone de synthèse, était responsable de graves malformations chez les enfants dont les mères avaient été traitées. Ce n'est qu'en 1977 que la France l'a retiré du marché. Des centaines d'enfants en furent victimes.

L'affaire de la vache folle, elle, commence en 1985 par une épizootie au Royaume-Uni, qui s'est propagée à plusieurs pays, infectant plus de 190 000 animaux. Ce n'est qu'en 1996 qu'elle s'est muée en crise sanitaire, avec la découverte d'une possible transmission de l'encéphalopathie spongiforme bovine à l'être humain. La maladie a fait à ce jour quelque 200 victimes humaines. Ce nombre pourrait encore augmenter, du fait d'une longue période d'incubation.

En 1986, c'est la catastrophe de Tchernobyl. Le gouvernement ne juge pas nécessaire de mettre en place des mesures de sécurité, contrairement à notre voisin allemand. Des organisations non gouvernementales avancent un chiffre de plus de 500 000 morts.

En 1991 éclata le scandale du sang contaminé. Pourtant, dès 1985, l'alerte avait été donnée. Cinq mille personnes furent contaminées par le virus du sida.

Même année, même scénario ! En décembre 1991, ce fut au tour de l'hormone de croissance de venir au-devant de la scène médiatique. Des stocks suspects ont été écoulés en 1985 et 1986, et ce, malgré les mises en garde sur d'éventuels risques infectieux. Cent dix-neuf enfants ont perdu la vie.

L'Isoméride était un médicament qui avait un effet sur la faim mais aussi sur les poumons. En 1997, les laboratoires Servier sont contraints de retirer du marché ce médicament antiobésité pris par plus de 5 millions de Français depuis 1985. Responsable de cas d'hypertension artérielle pulmonaire, voire d'anomalies des valves cardiaques, il aurait causé la mort d'au moins 40 personnes.

Toujours en 1997, l'amiante est enfin interdit en France. À l'origine d'environ 35 000 décès – mais ce chiffre pourrait grimper à 100 000 d'ici 2025 –, ce matériau hautement cancérigène a été massivement utilisé par les travailleurs en bâtiment depuis la Seconde Guerre mondiale, et ce, malgré sa dangerosité connue des industriels et de l'État. Ce dernier sera d'ailleurs reconnu responsable du décès de personnes contaminées pour la première fois en 2000.

Enfin, nous avons tous en mémoire l'affaire du Mediator. Le bilan exact des morts imputables à ce médicament s'annonce impossible à établir. Le 16 novembre 2010, l'AFSSAPS (Agence française de sécurité sanitaire et des produits de santé) a estimé à 500 le nombre de patients décédés et à 3 500 le nombre d'hospitalisations, à la suite d'une étude portant sur une courte période. Une étude de l'Institut national de la santé et de la recherche médicale (INSERM) et de l'épidémiologiste Agnès Fournier, portant quant à elle sur la période 1976-2009 (début et fin de la commercialisation du Mediator) et publiée en février 2012, chiffre le bilan à 1 300 morts et 3 100 hospitalisations.

Dans tous ces cas, et bien d'autres qu'il serait fastidieux de citer, les autorités médicales ont toujours commencé par nier, avant de reconnaître, grâce aux longs combats acharnés de quelques-uns, la réalité des faits.

En ce qui concerne le sujet de ce livre, nous avons matière à penser que le monde des autorités médicales aurait tendance à ne retenir, parmi les publications scientifiques sur la thématique des ondes, que celles qui vont dans le sens des contraintes institutionnelles, politiques et économiques qui sous-tendent la recherche scientifique.

Il en résulte que beaucoup ont la sensation d'un monde vertical et brutal, dans lequel la légitimité se nourrit de hiérarchies formelles épousant les degrés du savoir et du pouvoir

À tort ou à raison, certains ont l'impression d'une médecine confisquée par les systèmes, contrainte par des logiques extérieures, issues notamment des fournisseurs de technologies de pointe et autres lobbies. Cette perte de confiance s'est largement amplifiée lors de la crise du coronavirus au printemps 2020, où la crédibilité des autorités médicales, mais aussi politiques, s'est considérablement affaiblie. La collusion entre pouvoir politique, sociétés savantes médicales et intérêts financiers des laboratoires pharmaceutiques est devenue une évidence. Et ce, malgré les efforts terriblement maladroits de ces différents protagonistes pour la dissimuler.

On peut légitimement se demander si les connaissances produites, quand elles ne s'alignaient pas sur les critères d'une découverte considérée comme désirable, devenant alors inconfortables, ne seraient pas alors scientifiquement détournées. On pourrait parler d'occultation stratégique des connaissances. C'est une question d'autant plus grave que la 5G est sur le point d'envahir notre futur et celui de nos enfants.

Si les ondes électromagnétiques étaient reconnues comme dangereuses pour la santé humaine, imaginons les conséquences sociétales et économiques qui s'ensuivraient.

Pour toutes ces raisons, il me paraît urgent d'apporter largement à nos concitoyens une information neutre, basée sur l'expérience, le bon sens, la clinique et sur l'état réel des connaissances.

C'est également le sujet de ce livre.

Chapitre I

La position des autorités médicales

« Il est plus facile de briser un atome
que de briser un préjugé. »
Albert Einstein

Il faut reconnaître qu'apparemment, les autorités se sont très largement préoccupées de la problématique de l'électrosensibilité et de ses conséquences sur notre santé. De nombreux groupes de travail se sont constitués. Des experts spécialisés sur les ondes et les nouvelles technologies, des physiciens, des épidémiologistes, des médecins, des représentants des sciences humaines et sociales, se sont mobilisés. De multiples auditions ont été réalisées. Elles ont permis de prendre l'avis de médecins et de chercheurs, mais aussi des associations de personnes hyperélectrosensibles. De nombreux témoignages de personnes attribuant des symptômes à leur exposition aux champs électromagnétiques ont été entendus.

Cependant, ces tentatives de tirer des conclusions solides n'ont pas réellement abouti. En effet, il existe dans la maladie des ondes un grand nombre de symptômes fonctionnels. Ceux-ci n'étant ni des lésions ni des dysfonctionnements d'organes, ils ne peuvent être identifiés comme le résultat d'une pathologie avérée. On a affaire, la plupart du temps, à des symptômes non spécifiques, qui pourraient éventuellement être attribués à d'autres pathologies. Les publications sur ce sujet évoquent une centaine de symptômes qui varient grandement, selon les personnes concernées, avec des répercussions différentes sur leur qualité de vie. Je citerai l'ANSES qui, sous la direction de Monsieur Olivier Merkel, s'est remarquablement investie dans cette recherche :

« Une quarantaine d'études de ce type ont été menées depuis 2009, dont aucune ne met en évidence un lien entre l'exposition des personnes et l'apparition de symptômes ou d'anomalies biologiques spécifiques. En revanche, on remarque, dans une quinzaine d'articles, que lorsque des personnes se déclarant EHS sont soumises à des expositions factices, elles expriment un nombre de symptômes ressentis plus importants que les témoins non EHS. Ces études ne permettent pas d'expliquer l'origine de l'EHS[6]. »

Ne pas confondre effet biologique et effet sanitaire

Les effets biologiques sont la réponse mesurable de l'organisme à un stimulus ou à une modification de l'environnement. Ils ne sont d'ailleurs pas nécessairement nuisibles à la santé. Par exemple, le fait d'écouter, de courir, de lire un livre, de manger un fruit ou de jouer au tennis produira divers effets biologiques, sans qu'aucune de ces activités ne soit censée nuire à la santé. L'organisme dispose de mécanismes très élaborés qui lui permettent de s'adapter aux influences aussi nombreuses que diverses auxquelles nous pouvons être soumis dans notre environnement. Notre vie est faite de changements perpétuels. Cependant, il est bien entendu que notre organisme ne peut pas compenser intégralement tous les effets biologiques. Ainsi, les ondes électromagnétiques peuvent avoir de tels effets, sans que ce soit forcément un danger.

Mais il peut également se produire des changements irréversibles qui vont agresser nos organismes pendant de longues années et constituer une agression jusqu'à devenir un problème de **santé publique**.

6. Cédric Villani et Gérard Longuet, « Quelle prise en compte de l'hypersensibilité électromagnétique ? », Office parlementaire d'évaluation des choix scientifiques et technologiques, mai à juillet 2018.

Ce sera le cas lorsqu'il y aura un écart entre un état de santé physique ou mental constaté et l'état de santé considéré comme souhaitable pour tout un chacun défini par des références médicales élaborées par des experts.

Il faut comprendre qu'un effet biologique n'entraîne pas forcément un effet sanitaire indésirable. En revanche, un effet sanitaire indésirable va affecter de manière visible la santé du sujet exposé.

Deux effets des ondes électromagnétiques

Les ondes électromagnétiques peuvent avoir deux effets très différents l'un de l'autre sur la matière vivante.

L'effet thermique est reconnu par les autorités scientifiques : lorsque nous sommes exposés aux rayonnements radiofréquences, notre corps absorbe une certaine quantité d'énergie. Celle-ci dépend de divers facteurs qui sont l'intensité du rayonnement à l'endroit où nous nous trouvons, sa fréquence, la taille et l'orientation du corps par rapport à la direction de propagation du rayonnement.

Certaines ondes peuvent créer sur la matière vivante un échauffement, surtout si celle-ci est riche en eau. Il se crée des frictions internes entre les molécules d'eau notamment, qui sont chargées électriquement, et les microfréquences ondulatoires émises, ce qui va entraîner la production de chaleur. Cet effet thermique est mesurable. Il sera plus ou moins important selon la nature et la puissance électromagnétique de l'onde incidente, et selon la richesse en eau des tissus qui la reçoivent. Par exemple, les graisses s'échaufferont moins parce qu'elles sont plus pauvres en eau que les muscles ou la peau qui, eux, en contiennent davantage. Cet échauffement est variable et cela d'autant plus que les tissus traversés sont différents et que les sites où ils se trouvent sont aussi différents. On aura ainsi davantage de concentration de chaleur suivant le lieu mais aussi la puissance et la nature de l'onde électromagnétique émise. C'est ce phénomène thermique qui est utilisé dans nos fours à micro-ondes où l'on constate que plus l'aliment que nous y mettons est liquide, plus vite il s'échauffe.

C'est ce seul effet thermique qui est pris en compte pour l'évaluation des normes.

L'effet athermique, non reconnu par les autorités, serait dû à un parasitage magnétique résultant d'une interférence, voire d'un phénomène de résonance, entre une onde de cette nature et notre propre système oscillatoire. C'est cette interférence qui perturberait les systèmes neurosensoriels, biologiques et physiologiques de nos organismes. Pour faire une métaphore, quand vous écoutez la radio dans votre voiture, et que votre téléphone est sur le point de sonner, le son est souvent parasité. Comme nous le verrons, cet effet athermique n'est pas accepté par les autorités médicales comme étant un facteur de risque pour notre santé.

Les organismes officiels

Il existe un grand nombre d'organismes chargés de surveiller, autant au niveau local que mondial, l'état sanitaire et le bien-être des populations. Tous ont émis des avis et des opinions quant au sujet de ce livre. Je vous fais part des conclusions des quatre principales et plus reconnues d'entre elles, à savoir l'Agence nationale de sécurité sanitaire, de l'alimentation, de l'environnement et du travail (ANSES), le comité scientifique des risques sanitaires émergents et nouveaux (SCENHIR, comité scientifique indépendant mis en place par la Commission européenne pour la conseiller), l'Organisation mondiale de la santé (OMS, qui dépend des Nations unies) que tout le monde connaît, et enfin celle que je garde pour la fin, l'Académie de médecine qui donne le *la* à nos gouvernants. On sait que la population des personnes EHS est très hétérogène. Statistiquement, il s'agit le plus souvent de femmes, d'âge moyen – généralement supérieur à 45 ou 50 ans – et de niveau éducatif supérieur. Ceci ne reflète toutefois aucunement la diversité de la population des personnes EHS.

L'ANSES

Elle conclut de ses expertises qu'aucune preuve convaincante d'un effet biologique particulier des radiofréquences n'est apportée pour des niveaux d'exposition non thermiques, dans les conditions expérimentales testées. L'expertise de l'ANSES met en évidence la grande complexité de la question de l'électrohypersensibilité. Tout d'abord, il n'existe pas, à ce jour, de critères de diagnostic de l'EHS validés, et il résulte de l'expertise que la seule possibilité pour définir l'EHS repose sur l'autodéclaration des personnes.

L'Agence admet cependant que les douleurs et la souffrance (maux de tête, troubles du sommeil, de l'attention et de la mémoire, isolement social, etc.) exprimées par les personnes se déclarant EHS correspondent à une réalité vécue, qui les conduit à adapter leur quotidien pour y faire face.

« Quarante experts, mobilisés pendant près de quatre ans, ont investigué un grand nombre d'hypothèses pour comprendre ces symptômes. Toutefois, les connaissances scientifiques actuelles ne mettent pas en évidence de lien de cause à effet entre les symptômes dont souffrent les personnes se déclarant EHS et leur exposition aux ondes électromagnétiques. Néanmoins, ces symptômes, qui peuvent avoir un retentissement important sur la qualité de vie de ces personnes, nécessitent et justifient une prise en charge adaptée par les acteurs des domaines sanitaire et social[7]. »

Le SCENHIR (Comité scientifique européen des risques sanitaires émergents et nouveaux)

Le SCENHIR a également souligné la faiblesse des preuves d'effets biologiques des champs radiofréquences sur l'être humain. De plus, certains résultats scientifiques tendraient à démontrer que les cerveaux de sujets se déclarant électrosensibles et se croyant exposés à un rayonnement électromagnétique construisent la

7. ANSES, « Hypersensibilité aux ondes électromagnétiques : amplifier l'effort de recherche et adapter la prise en charge des personnes concernées », 27 mars 2018.

sensation de douleur : ces observations suggèrent que l'électrosensibilité est une manifestation de l'effet nocebo, par le biais duquel la seule croyance qu'un danger est présent suffit à enclencher une réaction psychosomatique[8].

L'OMS (Organisation mondiale de la santé)

Elle nous dit que les personnes qui déclarent souffrir du SICEM affirment réagir à des intensités bien inférieures aux seuils au-delà desquels sont censés se manifester les effets thermiques connus des champs électromagnétiques sur le corps, seuils qui sont pris en compte dans la définition des normes d'exposition du public. Bien que les symptômes soient reconnus comme réels, les essais cliniques réalisés en double aveugle ont montré que les personnes étudiées étaient incapables de distinguer une exposition aux champs électromagnétiques réelle d'une exposition simulée. Ces études suggèrent que l'effet nocebo joue certainement un rôle non négligeable, sans écarter d'autres hypothèses. L'OMS indique également que ces symptômes peuvent être dus à des maladies psychiatriques préexistantes, « ainsi qu'à des réactions de stress résultant de la crainte inspirée par les éventuels effets sur la santé des CEM, plutôt que de l'exposition aux CEM elle-même[9] », ce qui serait alors de l'électrophobie. Cependant, il faut savoir que depuis la crise de la Covid-19, cette organisation a beaucoup perdu en crédibilité, et d'ailleurs les États-Unis lui ont supprimé les crédits alloués.

L'Académie nationale de médecine

Selon ses statuts, l'Académie nationale de médecine a pour mission de répondre aux demandes du gouvernement sur toutes les questions concernant la santé publique et de s'occuper de tous les objets de recherche qui peuvent contribuer aux progrès de l'art de guérir. Elle peut être considérée comme la représentante officielle du monde médical, et comme le principal lien entre les problématiques de santé et l'État.

---

8. André Aurégo, « L'électrohypersensibilité en huit questions », *Science & pseudo-sciences*, n° 312, avril 2015.
9. OMS, « Champs électromagnétiques et santé publique : hypersensibilité électromagnétique », décembre 2005.

L'Académie nationale de médecine est une personne morale de droit public à statut particulier, placée sous la protection du président de la République. Elle s'administre librement. Ses décisions entrent en vigueur sans autorisation préalable. Elle bénéficie de l'autonomie financière sous le seul contrôle de la Cour des comptes. Les missions de l'Académie consistent à répondre à toutes les questions posées par le gouvernement français dans le domaine de la santé publique. Pour elle, comme pour les autres d'ailleurs, les ondes électromagnétiques de notre environnement sont absolument inoffensives.

« L'Académie nationale de médecine tient à rappeler qu'aucun risque des radiofréquences n'est avéré en dessous des limites réglementaires et qu'il n'a pas été mis en évidence de mécanisme pouvant entraîner l'apparition d'une maladie : c'est la conclusion de l'ensemble des rapports d'expertises collectives internationaux, dont plus d'une trentaine depuis 2009, fondés sur des milliers d'études expérimentales sur des cultures cellulaires, des animaux et des humains volontaires ainsi que sur des études épidémiologiques. Les radiofréquences ont pour seul effet connu l'échauffement, par absorption d'une partie de la puissance émise. Si la puissance absorbée par unité de masse (DAS) est négligeable, l'échauffement l'est également, et l'absence de lésion ne peut pas conduire à leur accumulation. La recherche d'éventuels effets « non thermiques », qui surviendraient en l'absence d'échauffement significatif, a fait l'objet de **centaines de publications**. Aucun effet biologique non thermique n'a été observé. Aucun mécanisme par lequel les radiofréquences pourraient avoir un effet nocif en dessous des seuils réglementaires n'a été identifié. En ce qui concerne l'électrohypersensibilité (EHS), aucun système sensoriel humain permettant de percevoir les champs émis par les antennes n'a été identifié. Les études suggèrent un effet nocebo (inverse de l'effet placebo : troubles relatés résultant d'un mécanisme psychologique) et des facteurs neuropsychiques individuels[10]. »

Toutefois, l'Académie reconnaît que la somatisation en présence d'émetteurs de champs électromagnétiques peut se traduire par des

10. André Aurengo, « Exposition aux ondes électromagnétiques – La santé publique ne doit pas être un enjeu politique », *Bulletin de l'Académie nationale de médecine*, vol. 198, nº 1, séance du 28 janvier 2014, p. 147-150.

troubles bien réels pouvant aller en s'aggravant jusqu'à constituer un handicap familial, professionnel et social sévère, nécessitant une prise en charge adaptée.

Des troubles bien réels mais autoproclamés

Les patients électrohypersensibles sont donc reconnus comme malades, personne ne le nie, mais personne ne sait pourquoi ils sont malades, même si eux attribuent leur maladie aux ondes. Un peu comme pour la fibromyalgie, l'électrosensibilité est une maladie pour laquelle les médecins constatent des symptômes sans savoir ni définir un diagnostic précis, ni même un mécanisme pathologique.

Voici ce qu'Yves Lévy, P-DG de l'INSERM, exprime en ces termes lors de son audition au Parlement le 31 mai 2018 :

« Le problème auquel nous sommes confrontés est celui de la définition diagnostique de l'électrohypersensibilité, fondamental pour poser des hypothèses visant à en comprendre le mécanisme. En outre, nous sommes devant un syndrome, plus que devant une caractérisation particulière, bien définie et reproductible, d'une pathologie, ce qui soulève le problème de la nosologie et de la démonstration de la causalité[11]. »

Il est intéressant de remarquer cependant que ces quatre organismes, même s'ils considèrent que les ondes électromagnétiques n'ont aucun effet sur la santé, reconnaissent pourtant la réalité des troubles de santé et handicaps des personnes qui s'en plaignent.

11. Cédric Villani et Gérard Longuet, « Rapport au nom de l'Office parlementaire d'évaluation des choix scientifiques et technologiques sur "Quelle prise en compte de l'hypersensibilité électromagnétique ?" – Compte rendu de l'audition publique du jeudi 31 mai 2018 et de la présentation des conclusions du jeudi 12 juillet 2018 », Assemblée nationale et Sénat, 12 juillet 2018.

La santé et le psycho-émotionnel

Il ne fait aucun doute que le psychisme peut entraîner des problèmes de santé. Il peut aussi, au contraire, amener des améliorations de santé, au sens large. C'est une réalité admise et démontrée qui ne peut être remise en question. Cependant, cette notion peut être parfois mal utilisée, et devient vite un fourre-tout.

Quand un médecin ne comprend pas l'origine d'une maladie, et donc n'a pas de solution pour elle, il prononce souvent le mot « idiopathique », qui signifie « sans causes connues ». C'est le cas par exemple pour la fibromyalgie. Voilà au moins un aveu d'ignorance ! Il est en effet toujours difficile d'avouer son impuissance face une maladie. Il est plus facile de dire « c'est la faute de l'autre », c'est-à-dire dans ce cas celle du patient, qui s'entend dire : « C'est psychosomatique, cela vient de votre tête. » Je pense que le psychisme a bon dos dans un grand nombre de troubles de santé mal étiquetés et considérés comme psychosomatiques ou existentiels.

J'ai toujours été effaré de voir comment certains thérapeutes, quand ils ne comprennent pas les raisons d'un mal-être, mettent dans la tête de leur patient qu'il s'agit de troubles psychiques. Ils considèrent que c'est la cause majeure de l'hyperélectrosensibilité, comme celle de la fibromyalgie ou de la fatigue chronique.

Cependant, il ne faut pas confondre causes et conséquences. Lorsqu'on a mal partout et que l'on ne peut plus dormir, quand on sent sa santé s'échapper, comment pourrait-il en être autrement ? L'angoisse, la peur et l'inquiétude induite par ces ressentis peuvent entretenir et potentialiser les symptômes, mais sans en être les responsables.

Quand je demande à mes patients ce qui les pousse à venir me consulter, ils me répondent souvent : « Je suis HES » ou « je suis fibromyalgique ». Ce qui m'impressionne le plus, chaque fois, c'est ce ton fataliste, comme s'ils acceptaient que leur vie soit perdue.

Je suis absolument convaincu, du fait de mon expérience, que les facteurs émotionnels jouent un rôle important dans les maladies évoquées ici. Nous en reparlerons, mais je sais également que ceux-ci ne représentent qu'un des éléments responsables de ces problématiques de santé. L'émotionnel ne fait qu'y participer avec d'autres. C'est ce que nous étudierons dans les chapitres suivants.

Les deux effets contradictoires de l'émotionnel

La médecine reconnaît deux effets contradictoires de l'émotionnel : celui qui améliore la santé, et celui qui la détériore. **Un placebo** est un procédé thérapeutique n'ayant pas d'efficacité propre ou spécifique mais agissant sur le patient par des mécanismes psychologiques. Dans le domaine du médicament, un placebo est un traitement sans aucune substance active.

L'effet placebo correspond à un résultat psychophysiologique positif et bénéfique constaté après l'administration d'une substance, ou après la réalisation d'un acte thérapeutique, indépendamment de l'efficacité intrinsèque attendue du traitement.

Mais cet effet lié à la prise d'une substance inerte n'est pas toujours bénéfique, il peut être dommageable pour l'individu : c'est l'effet nocebo. C'est ainsi que les autorités médicales accusent les ondes électromagnétiques d'avoir une telle action sur les personnes concernées.

L'effet nocébo est donc l'alter ego néfaste de l'effet placebo. Il a été démontré que certains patients consommant des produits qu'ils pensaient être des médicaments actifs ressentaient des effets secondaires indésirables uniquement parce qu'ils avaient lu cette possibilité d'effets secondaires sur la fiche technique du médicament. L'effet nocebo est donc le fruit de la conviction qu'une substance ou qu'une pratique médicale – dans le cas particulier, les ondes – peut être nuisible sur la santé, et par voie de conséquence entraîne une multitude de symptômes. Le sujet convaincu que les champs électromagnétiques sont toxiques est susceptible de recréer, par autosuggestion, les effets indésirables dont il a pu entendre parler dans les médias, sur Internet, ou simplement parce que des amis lui en ont parlé. Ces effets sont donc de nature psychologique. Pour les autorités médicales, les inquiétudes collectives sur des sujets de santé publique peuvent avoir pour conséquence cet effet nocebo. Ce serait ainsi le cas en ce qui concerne les effets des CEM sur la santé.

La croyance passe avant la science

Au vu de tout ce qui précède, il est clair que, pour l'ensemble des autorités scientifiques, les ondes électromagnétiques ne sont en rien responsables de problèmes de santé. Elles seraient complètement inoffensives. Leur décision est sans appel. La science a parlé ! Il ne s'agirait que d'angoisses ou de phobies en présence d'émissions de champs électromagnétiques.

L'Académie nationale de médecine a même précisé, dans un communiqué du 28 janvier 2014, que les rapports d'expertises collectives internationaux n'ont pas « mis en évidence de mécanismes pouvant entraîner l'apparition d'une maladie[12] ».

Le scientifique Jérôme Bellayer, professeur de sciences physiques, spécialiste de la zététique[13] et défenseur de la réalité de la maladie des ondes, nous explique que « l'électrosensibilité relève de processus psychologiques, le débat est dominé par les croyances, mais les scientifiques ne peuvent pas laisser le marché cognitif aux mains des croyants. La difficulté d'appréhension de la nature du rayonnement électromagnétique constitue un formidable terreau pour les constructions pseudo-scientifiques servant des logiques partisanes, par nature étrangères à toute démarche sceptique, qui continuent d'entretenir la désinformation et l'inquiétude autour des ondes. Il est

12. André Aurengo, art. cit.
13. « Méthode philosophique qui consiste à rechercher la solution d'un problème en le supposant résolu et en remontant de cette solution jusqu'aux termes initiaux en vérifiant le bien-fondé de chaque étape. » (Larousse).

urgent d'apporter largement à nos concitoyens une information scientifique fiable basée sur l'état des connaissances. Sans cette information, nous irons bien au-devant d'une épidémie, mais une épidémie d'effet nocebo[14]. »

Vous qui souffrez, passez votre chemin, il n'y a plus rien à dire ! Sauf : « Allez voir le psy. »

Le combat des associations et collectifs

Des associations et autres collectifs se sont créés pour défendre le monde des électrosensibles. Ils réclament avec véhémence une révision drastique des valeurs des limites d'exposition, parfois même l'interdiction pure et simple de l'utilisation de certaines technologies émettrices. Ils accusent notamment les téléphones portables, les antennes-relais et les compteurs communicants d'être responsables de graves problèmes de santé. Ces différentes associations sont soutenues par quelques personnalités médicales, ce qui amène une caution et une valeur scientifique aux demandes qui sont les leurs. La plus connue d'entre elles est Robin des toits, fondée par Marc Cendrier. Elle mène depuis longtemps un combat courageux pour faire reconnaître le SICEM.

Il se crée ainsi des campagnes anti-ondes, relayées par certains médias, florissantes sur Internet et sur les réseaux sociaux, et dénonçant leurs dangers avérés.

Les victimes considèrent qu'il est honteux que leurs maux ne soient pas reconnus comme venant des ondes électromagnétiques environnementales.
De plus, leur dire, sans équivoque, que leur souffrance vient de leur tête, de leur peur, ne fait qu'augmenter leur colère contre l'ensemble des autorités.

14. Jérôme Bellayer, *Électrosensibles, vivons-nous les prémices d'une catastrophe sanitaire ?*, éd. Book e-book, 2016.

À partir de là, d'un côté on entendra parler de mystification, de problèmes mentaux ou autres petites douceurs du style tire-au-flanc, et de l'autre, que l'Académie de médecine, ainsi que toutes les autorités médicales, seraient vendues aux intérêts des lobbies de la téléphonie et de la communication, entre autres conflits d'intérêts. La véritable science devant être en quête d'une meilleure compréhension des faits, et non pas de toujours plus de profit !

L'arrivée des compteurs communicants également appelés compteurs évolués ou intelligents, style Linky ou Gazpar, a contribué à entraîner ce que l'on pourrait appeler une rébellion du monde des électrosensibles.

Ces compteurs sont capables de mesurer de manière détaillée et précise, éventuellement en temps réel, une consommation d'électricité ou de gaz. La transmission des données s'effectue par des ondes radio ou par des courants porteurs en ligne (CPL) directement vers le gestionnaire du réseau de distribution chargé du comptage. Il en résulte que l'environnement de nos lieux de vie est ainsi surchargé par ces nouveaux champs électromagnétiques.

Ce qui a beaucoup choqué certaines personnes, c'est le côté obligatoire, forcé et parfois brutal de la mise en place de ces systèmes d'évaluation de consommation. De plus, un grand nombre de personnes EHS se sont retrouvées ainsi en grande souffrance dans leur propre appartement, certaines allant jusqu'à le quitter ou même à dormir dans leur voiture pour échapper à ces CEM.

Des actions en justice avaient déjà été menées précédemment contre la pose d'antennes-relais. À partir de la pose de ces compteurs communicants, les procès se sont multipliés et continuent aujourd'hui à faire la une de certains journaux. Souvent, comme nous allons le voir, les tribunaux ne pensent pas comme les autorités médicales… Plus on en parle, plus cela se sait ; plus cela se sait, plus on en parle.

Chapitre II

Les tribunaux s'en mêlent

« L'iniquité cherche les chemins de traverse,
la justice suit toujours la grande route. »
Alfred Auguste Pilavoine, *Pensées, mélanges et poésies*

Je vous propose un petit pot-pourri de différentes informations parues dans certains journaux, où il est fait état de jugements des tribunaux de la République en provenance de toute la France. Il faut savoir que, au Canada, aux États-Unis ou en Espagne, mais aussi dans beaucoup d'autres pays du monde, des actions similaires avec des jugements similaires ont été prises en faveur des plaignants. Les autorités médicales sont profondément irritées par certaines de ces décisions judiciaires, comme nous le verrons au chapitre suivant.

Ces jugements s'appuient dans leur grande majorité sur deux éléments : d'une part, le non-respect du principe de précaution, d'autre part, la dangerosité des ondes sur la santé.

Jugements

31 mars 2005 – Téléphones mobiles pour enfants : le BabyMo est débouté

Le tribunal de grande instance de Paris a débouté la société ITT. Ce distributeur monégasque, qui diffusait un babyphone portable destiné aux enfants de 4 à 8 ans, avait assigné en référé les associations Agir pour l'environnement et PRIARTEM afin de tenter de mettre un terme à leur demande de suppression de vente. Ce babyphone étant émetteur d'ondes électromagnétiques, le tribunal, considérant l'extrême jeunesse des utilisateurs, n'a pas accepté cette demande.

1er novembre 2005 – Téléphonie mobile : décision de la Cour suprême des États-Unis sur l'ouverture de procès
La Cour suprême des États-Unis a rendu un premier jugement qui va faire date dans les annales de la téléphonie mobile. Elle a rendu, le 1er novembre 2005, une décision historique en autorisant des procès de masse de la part de consommateurs contre les manufacturiers de téléphones mobiles et les fournisseurs de services, ou en d'autres termes les opérateurs, et pour ne citer qu'un fabricant mis en avant : Nokia.

20 mars 2006 – Le TGI de Toulon condamne Bouygues Telecom à enlever ses installations en vertu du principe de précaution
Tribunal de grande instance de Toulon, le 20 mars 2006 : Bouygues Telecom a été condamné en première instance mais a gagné en appel. La cour d'appel d'Aix-en-Provence est en effet revenue sur ce jugement le 15 septembre 2008.

27 novembre 2007 – Montfort-l'Amaury : Les riverains des antennes-relais remportent une victoire
Les opposants aux antennes-relais situées à proximité des tours d'Anne de Bretagne, à Montfort-l'Amaury, viennent de marquer un point. Le tribunal vient d'annuler le permis de construire du pylône antenne-relais de 25 mètres et de condamner la commune à leur verser 3 000 euros.

1er octobre 2008 – Bouygues Telecom condamné à démonter une antenne-relais
Le tribunal de Nanterre a ordonné, « pour la première fois » en France, le démontage d'une antenne-relais de téléphonie mobile au nom du principe de précaution, estimant qu'il y avait un risque potentiel sur la santé des riverains. Une décision qui pourrait faire jurisprudence.

4 février 2009 – Antennes-relais : Bouygues Telecom condamné
Pour la première fois en France, une cour d'appel vient de condamner un opérateur de téléphonie mobile à démonter une antenne-relais, au nom du principe de précaution. C'est une première en France. La cour d'appel de Versailles veut obliger l'opérateur à démonter les installations d'émission et réception des antennes-relais dans le Rhône… « Aucun élément ne permet d'écarter péremptoirement l'impact sur la santé publique de l'exposition de personnes à des ondes ou des champs électromagnétiques. » C'est une décision majeure que vient de rendre la cour d'appel de Versailles.

3 mars 2009 – SFR condamné à démonter une antenne-relais
Après Bouygues Telecom, c'est au tour de l'opérateur SFR d'être condamné à démonter une de ses antennes-relais. Une tendance qui devrait se poursuivre compte tenu de l'incertitude de leur impact sanitaire. SFR a été condamné le 16 février à Carpentras (Vaucluse) à démonter une antenne-relais en raison de sa nuisance esthétique et de l'incertitude de son impact sanitaire, peu de temps après une décision similaire pour Bouygues.

5 mars 2009 – Le jugement en référé du TGI d'Angers interdisant à Orange l'installation d'une antenne-relais en raison des risques sanitaires
Par décision du 5 mars 2009, le juge des référés du TGI d'Angers interdit à la société Orange France de procéder à l'installation d'une antenne-relais dans le clocher d'une église à Notre-Dame d'Allençon (Maine-et-Loire), en invoquant le « risque sanitaire pour les populations riveraines ».

11 août 2009 – Orange interdit d'antenne à Paris XIII : jugement du TGI de Créteil
Jugement du TGI de Créteil du 11 août 2009, opposant la SA Orange et plusieurs résidents d'un immeuble situé face à un projet d'antennes-relais. Le tribunal reconnaît le « risque de causer des dommages à la santé » et interdit à Orange la pose des antennes-relais.

1er avril 2010 – Démontage d'une antenne-relais : Bouygues renonce à la cassation

Bouygues Telecom a renoncé à se pourvoir en cassation après avoir été condamné en février 2009, par la cour d'appel de Versailles, à démonter une antenne-relais dans le Rhône en raison de l'incertitude sur un éventuel impact sanitaire sur les riverains.

3 juillet 2010 – La justice a reconnu « le danger des antennes-relais » (Tunisie)

La cour d'appel de Tunis a ordonné le démontage d'une antenne-relais installée sur le toit d'une villa dans l'un des quartiers résidentiels de la capitale au nom des incertitudes quant à son impact sur la santé des riverains. Saisi en procédure d'urgence par le syndic des habitants du quartier, le juge a considéré que le risque était non négligeable pour la santé des habitants sur la base d'un rapport d'un expert mandaté à cet effet.

20 septembre 2011 – Tribunal de Montpellier : SFR astreint à démonter une antenne-relais

La cour d'appel de Montpellier a ordonné à l'opérateur SFR de procéder à l'enlèvement d'une antenne-relais pour la téléphonie mobile implantée dans les Pyrénées-Orientales. La décision de SFR d'installer cette antenne à Montesquieu-des-Albères était contestée par 26 riverains, qui avaient saisi fin 2009 le juge des référés du TGI de Perpignan, estimant que sa proximité entraînait des troubles de santé.

26 octobre 2015 – La Justice fait définitivement droit à une électrosensibilité, le handicap est reconnu !

Le tribunal du contentieux de l'incapacité de Toulouse avait reconnu l'existence d'un handicap grave dû à l'hypersensibilité aux ondes électromagnétiques d'une Ariégeoise, qui avait ainsi obtenu le droit à une allocation pour adulte handicapé. L'appel de la MDPH (Maison départementale des personnes handicapées) contre le jugement du tribunal du contentieux de l'incapacité de Toulouse de juillet 2015 reconnaissant le droit à une allocation pour le handicap d'« électrosensibilité » vient d'être rejeté. Le jugement faisant état du « syndrome d'hypersensibilité aux ondes électromagnétiques » précisant la « description des signes cliniques **irréfutables** » et la déficience fonctionnelle de la plaignante Marine Richard évaluée à 85 % est définitivement confirmé ! Une allocation pour adulte handicapé de 800 euros par mois lui est donc attribuée par décision de justice pour trois ans renouvelables en fonction de l'évolution de son handicap.

Décembre 2016 – Tribunal de Grenoble : un compteur « intelligent » retiré

Ce jugement est rendu mi-novembre et présenté comme « une première » par Maître Joseph. Le tribunal réclame que soient enlevés « le compteur d'eau installé dans l'appartement de Mme C. et celui installé éventuellement dans la chaufferie et de les remplacer par des compteurs avec relevé annuel ». Ces compteurs d'eau dits « intelligents » permettent de connaître à distance et en direct la consommation de chaque abonné, permettant ainsi l'abandon du relevé par des agents. « Ma cliente a été diagnostiquée électrohypersensible et ses symptômes se sont aggravés après l'installation en 2012 de ce compteur dans son appartement », déclare son avocat.

17 janvier 2018 – Le tribunal administratif de Cergy-Pontoise : une pathologie à caractère professionnel

Ce jugement reconnaît une probabilité suffisante pour que l'hypersensibilité électromagnétique contractée par un agent de l'Institut national de recherche en sciences et technologies pour l'environnement et l'agriculture (IRSTEA) soit en rapport avec son activité professionnelle. La juridiction administrative annule par conséquent la décision du président de cet établissement public qui avait refusé de reconnaître le caractère professionnel de la pathologie, et enjoint ce dernier de prendre une nouvelle décision dans un délai de deux mois. L'agent était tombé malade quelques mois après sa prise de fonction mais avait exercé ses missions pendant plus de quatre ans dans un laboratoire de chimie dans lequel il était exposé à des champs électromagnétiques de diverses natures, parmi lesquels ceux générés par un spectromètre de masse isotopique.

23 avril 2019 – Tribunal de Bordeaux : les compteurs Linky accusés

Il donne raison à 13 plaignants opposés aux nouveaux compteurs Linky en raison de leur « électrohypersensibilité » aux ondes émises par cet appareil. Les 13 requérants supposés EHS ont obtenu gain de cause en présentant des certificats médicaux et en invoquant des symptômes (maux de tête, insomnies notamment) qui « justifient d'un trouble manifestement illicite », car la pose d'un Linky s'est faite chez eux « sans la pose d'un filtre les protégeant des champs électromagnétiques », selon le juge bordelais.

Juillet 2019 – Tribunal de grande instance de Tours : retrait de compteurs Linky

Il ordonne le retrait du compteur Linky chez une dizaine de particuliers. Ces derniers avaient pris soin d'accompagner leur refus de la pose de ce compteur « intelligent » d'un certificat médical attestant leur électrosensibilité. Le juge reconnaît ainsi l'existence des maux de plusieurs centaines voire milliers de personnes.

Des actions de groupe

Très récemment, des actions de groupe, représentant des « victimes » des ondes, accumulent des succès à répétition grâce à l'action du cabinet d'avocat de Maître Arnaud Durand du cabinet Lexprecia, et de Maître Christophe Lèguevaques :

- TGI Toulouse, 12 mars 2019 (deux ordonnances, une pour les non posés, RG19/26, une pour les posés, RG 19/27) ;
- TGI Bordeaux, 23 avril 2019 (RG 19/73) ;
- TGI Foix, 25 juin 2019 (RG 19/32) ;
- TGI Tours, 30 juillet 2019 (deux ordonnances, une pour les non posés, RG 19/20244, et une pour un enfant tombé malade depuis la pose, RG 19/20246) ;
- TGI Grenoble, 25 juillet 2019 (RG 19/402) ;
- CA Toulouse, premier président ; ne juge pas sur l'appel, mais oblige Enedis à filtrer le courant pendant la procédure d'appel, le temps que la cour statue, 2 octobre 2019.

La presse informe le public de ces décisions

C'est le cas par exemple dans un article du célèbre magazine *Capital*, qui revient sur la récente condamnation d'Enedis par la cour d'appel de Grenoble : « Nouvelle condamnation pour Enedis. [...] La cour d'appel de Grenoble épingle le distributeur d'électricité pour avoir voulu installer un compteur Linky chez une cliente souffrant d'un syndrome d'intolérance aux champs magnétiques. Enedis est également condamnée à dépolluer l'électricité émise par les autres boîtiers Linky du voisinage, en raison des incertitudes sur les effets sanitaires reconnues officiellement par l'Anses en juin 2017[15]. »

Dans *Le Figaro*, en mai 2020, Marianne Bertrand titre : « Une victoire pour les opposants au compteur Linky ». On lit ainsi dans l'article : « Une nouvelle décision de justice vient, au nom du principe de précaution, protéger pour quelques années ceux qui ne veulent pas du compteur intelligent Linky.

Nouvelle bataille judiciaire dans le combat opposant Enedis à ses clients dans le déploiement de Linky. Et nouvelle victoire pour ses détracteurs, cette fois-ci au nom du principe de précaution. Au cœur de l'affaire, un particulier atteint d'hypersensibilité électromagnétique qui refuse l'installation chez lui du compteur communicant Linky. Les juges d'appel, confirmant les mesures protectrices ordonnées en référé, ont estimé qu'Enedis avait violé le principe de précaution en ne tenant pas compte des incertitudes sanitaires reconnues par l'Agence nationale de sécurité sanitaire (Anses). Et que ce principe pouvait être invoqué en référé.

"Sa méconnaissance cause un trouble manifestement illicite qu'il convient de faire cesser", a estimé la cour d'appel. "Une procédure collective doit être lancée d'ici l'été, et le procès va durer des années.

15. Manuel Alaver, « Enedis comdamnée à ne pas poser de compteur Linky chez une cliente électrosensible », *Capital*, 25 mars 2020.

Les victimes pourront ainsi être protégées grâce au référé, le temps que l'on statue sur le fond de leur dossier", se réjouit Arnaud Durand, avocat. Cette décision a été rendue par la cour d'appel de Grenoble le 10 mars 2020, avec le n° RG 19/03354[16]. »

Des peines sévères

On notera que des peines assez sévères sont parfois prononcées. Par exemple, le juge condamne Enedis à des mesures provisoires de protection. À Grenoble, les plaignants ont même obtenu une astreinte de 6 000 euros par mois à verser à la victime si Enedis ne respecte pas sa condamnation, plus en tout état de cause 2 980 euros d'indemnisation pour ses frais de défense.
Le juge des référés est le juge de l'évidence. Même s'il s'agit parfois de décisions de référé, cela montre qu'il existe une dichotomie, c'est-à-dire une différence d'appréciation, entre la société civile et les autorités médicales. Pour la première, il est évident qu'il ne faut pas augmenter l'exposition aux ondes électromagnétiques des personnes EHS, qui plus est à de nouvelles fréquences. Cependant, les autorités médicales, elles, ne partagent pas cette évidence.

De violentes attaques contre les jugements des tribunaux de la République

On notera la virulence de certains propos de l'Académie de médecine sur le bien-fondé de ces condamnations. Elle considère en effet que les prises de position des tribunaux sont purement et simplement dénuées de sens. Elle nous explique que « l'existence d'un lien entre les troubles évoqués par ces personnes et une exposition aux champs électromagnétiques n'a jamais été scientifiquement démontrée[17] » et

16. Marianne Bertrand, « Une victoire pour les opposants au compteur Linky », *Le Figaro*, 14 mai 2020.
17. Académie nationale de médecine, « Électrosensibilité – Une indemnisation ne constitue pas une preuve scientifique », 8 septembre 2015.

met en garde contre « une interprétation erronée voire tendancieuse des différents jugements rendus récemment par certains tribunaux[18] ». Ceux-ci peuvent laisser penser qu'un lien de causalité est reconnu entre certains troubles et handicaps et l'exposition aux ondes. Ces décisions auraient été prises indépendamment de toute argumentation scientifique. De fait, pour elle, le jugement d'un tribunal ne s'appuie que sur du vent.

Par exemple, voilà comment l'Académie de médecine commente deux décisions de justice, celle du tribunal de grande instance de Carpentras qui avait demandé le démontage une antenne-relais à Châteauneuf-du-Pape le 4 février 2009, et celle de la cour d'appel de Versailles où un autre opérateur de téléphonie mobile avait été condamné pareillement à Tassin-la-Demi-Lune. Dans les deux cas, la justice avait tranché en faveur des particuliers, au nom du principe de précaution :

« On ne connaît aucun mécanisme par lequel les champs électromagnétiques dans cette gamme d'énergie et de fréquence pourraient avoir un effet négatif sur la santé. À ce jour, aucun système sensoriel humain permettant de percevoir ce type de champ n'a été identifié. En revanche, elles rappellent que les téléphones mobiles, et donc les antennes, permettent de sauver chaque année des centaines de vies humaines. L'Académie nationale de médecine s'étonne qu'une décision de justice ait pu ne retenir, parmi l'ensemble des études disponibles sur le sujet, que celles allant dans le sens du plaignant. La prééminence du "ressenti" du plaignant, si elle fait jurisprudence, remet en cause les fondements mêmes de l'expertise scientifique et médicale, au risque de laisser la porte ouverte à des décisions lourdes de conséquences en matière de santé publique. Une telle **utilisation dévoyée du principe de précaution** risque de conduire à une quête illusoire du "risque zéro", source d'erreurs, de retards et de dysfonctionnements du système de santé. L'Académie nationale de médecine renouvelle sa mise en garde contre une interprétation subjective du principe de précaution[19]. »

18. *Ibid.*
19. Académie nationale de médecine, « Les risques des antennes de téléphonie mobile », 3 mars 2009.

Le principe de précaution

Le principe de précaution a pour but de mettre en place des mesures pour prévenir des risques, lorsque la science et les connaissances techniques ne sont pas à même de fournir des certitudes, principalement dans le domaine de l'environnement et de la santé.

Contrairement à la prévention qui s'intéresse aux risques avérés, la précaution, forme de prudence dans l'action, s'intéresse aux risques potentiels. Elle recouvre les dispositions mises en œuvre de manière préventive afin d'éviter un mal ou d'en réduire les effets, avant qu'il ne soit trop tard. Cette prudence paraît, en ce qui concerne l'effet des champs électromagnétiques sur la santé, une évidence. L'expression « utilisation dévoyée » utilisée par l'Académie de médecine pour critiquer les jugements des tribunaux de la République paraît complètement abusive et représente à mes yeux une **dérive dangereuse** pour nos sociétés. Elle signifierait une dictature de la science sur l'humain.

Le principe de précaution a été introduit en droit français par la loi Barnier du 2 février 1995 sur le renforcement de la protection de l'environnement. Il a aujourd'hui valeur constitutionnelle. En effet, la révision constitutionnelle du 1er mars 2005 a annexé la Charte de l'environnement à la Constitution en ces termes : « Lorsque la réalisation d'un dommage, bien qu'incertaine en l'état des connaissances scientifiques, pourrait affecter de manière grave et irréversible l'environnement, les autorités publiques veillent, par application du principe de précaution et dans leurs domaines d'attributions, à la mise en œuvre de procédures d'évaluation des risques et à l'adoption de mesures provisoires et proportionnées afin de parer à la réalisation du dommage[20]. »

Traiter de « dévoyée » l'application par la justice de ce principe de précaution représente de toute évidence une déliquescence éthique, philosophique et intellectuelle.

20. « Réponse du ministère de l'Écologie, du Développement durable et de l'Énergie » dans « Principe de précaution et innovation – 14e législature », *Journal officiel du Sénat*, 2 juillet 2015, p. 1581.

Chapitre III

Science et défiance

« L'ennui dans ce monde, c'est que les idiots sont sûrs d'eux
et les gens censés pleins de doutes. »
Bertrand Russell

Dans son livre *Sapiens*[21], l'auteur Yuval Noah Harari nous explique que la révolution scientifique a été non pas une révolution du savoir, mais avant tout une révolution de l'ignorance. C'est parce que les êtres humains ne connaissaient pas les réponses à leurs questions, que ce qu'on appelle la science est née. On attend de celle-ci bien sûr des réponses justes, pas des réponses approximatives, pas des croyances possibles... et surtout pas de réponses fausses.

Les autorités médicales reconnaissent la souffrance des personnes EHS. Cependant, elles nient que l'environnement électromagnétique en soit le responsable. Elles accusent l'émotionnel et parlent d'effet nocebo.

Il existe un grand nombre de maladies, comme la fibromyalgie, le syndrome de fatigue chronique, la forme chronique de la maladie de Lyme, le syndrome de l'amalgame, et bien d'autres pour lesquelles les autorités fournissent une explication d'origine émotionnelle.

L'ANSES, le fait avec une certaine prudence. D'autres – je pense notamment à l'Académie nationale de médecine – avec beaucoup de certitude, c'est-à-dire que le doute n'a pas de place. Pourtant, ne dit-on pas que « le doute est la clé de toute connaissance » (proverbe persan) ?

21. Yuval Noah Harari, *Sapiens – Une brève histoire de l'humanité*, éd. Albin Michel, 2011.

Cette académie est composée de personnalités de grande qualité qui ont rendu d'immenses services à la santé en général. Je ne suis pas un adepte de la théorie du complot. Mais il faut sans doute faire la distinction entre l'esprit systématique, l'esprit d'ordre et de logique, qui sont les fondements mêmes de l'esprit scientifique, et « l'esprit de système » qui, lui, s'entêtant d'une idée, ne considère les choses que dans la mesure où elles favorisent un préjugé. C'est ce qui se passe au niveau des autorités médicales. À leur décharge, il faut reconnaître que le sujet traité, au carrefour entre la physique théorique, la biologie et la médecine, est particulièrement ardu, compte tenu de l'étendue des connaissances nécessaires à la compréhension des phénomènes en eux-mêmes, et des effets sur la santé qu'ils sont susceptibles de générer.

Cependant, on ne peut que s'étonner quant à la façon dont la problématique de l'électrosensibilité est abordée. Où est la démonstration scientifique qui dit que c'est l'effet nocebo qui est responsable du syndrome d'intolérance aux champs électromagnétiques ? De la même façon, où est la démonstration scientifique montrant que la fibromyalgie a une origine émotionnelle ? Il n'y en a aucune. Pourquoi n'en restent-ils pas au terme « idiopathique », c'est-à-dire sans causes connues, plutôt que toujours répéter ce mot « psychosomatique » comme la rengaine d'une musique légère ? La seule chose qu'il serait scientifique de dire serait tout simplement : « Nous ne savons pas. » Il n'y a pas de déshonneur à cet aveu. Le monde médical manque souvent d'humilité relativement à certains faits qu'il ne comprend pas. Les autorités ont une grande responsabilité, car ce sont elles qui à la fin donnent le chemin thérapeutique pour l'ensemble du monde médical. Aujourd'hui, pour celui-ci, la maladie des ondes n'existe pas. En réalité, il n'a pas dans sa boîte à outils qu'il appelle « scientifique » les éléments qui lui permettraient d'avancer d'autres hypothèses.

En outre, le simple fait d'apporter une réponse comme la leur, toute faite et définitive, finit par stopper toute recherche à ce sujet, puisque la réponse a déjà été donnée : l'effet nocebo, la peur irrationnelle des technologies sans fil. Ils font passer pour une certitude ce qui ne peut être considéré que comme une hypothèse, une théorie. Le monde médical et l'Académie de médecine devraient méditer cette citation de Louis Victor de Broglie (1892-1987, mathématicien et physicien français, Prix Nobel de physique de 1929) : « Pour le savant, croire la science achevée est toujours une illusion aussi complète que le serait pour l'historien de croire l'histoire terminée. »

Ce n'est pas anodin, dans la mesure où leurs disciples, les médecins suiveurs, soignent les patients concernés avec des médicaments chimiques qui ne sont pas sans conséquences. Je pense notamment aux anxiolytiques, antidépresseurs, ou autre Tramadol. C'est une mauvaise médecine.

De plus, si nous nous mettons à la place de ces personnes qui sont dans une réelle et profonde souffrance, et auxquelles on insinue que leur problème vient de leur tête, la situation peut finir alors par entraîner de réelles perturbations.

L'ANSES considère que 5 % de la population se dit électrosensible. Prétendre que 3 500 000 de personnes en souffrent en France, que des centaines de millions dans le monde présenteraient des troubles provenant d'un désordre émotionnel, pourrait être suspect, pour le moins un peu gênant, au niveau du bon sens paysan. Mais aussi d'un point de vue scientifique. Si c'était le cas, ce serait grave ! Sans parler des 1 à 2 millions de personnes dites fibromyalgiques ! Nous serions alors dans un monde de fous. Lorsque le monde médical ne comprend pas, c'est toujours psychosomatique !

En conséquence, quand un patient souffrant de EHS, SFC, FBM va consulter son médecin de famille, à la suite de troubles de santé mal étiquetés par la médecine officielle, systématiquement… cela viendra de sa tête. Ainsi en a décidé la parole divine venant de l'université. En fait, un médecin sait tout, et s'il ne comprend pas quelque chose, c'est que ce phénomène n'existe pas. Et s'il existait, ce ne serait possible que dans la tête de son patient !

Il est clair que le monde médical s'est enfermé dans un système clos, en boucle avec lui-même.

Vous avez dit « scientifique » ?

Cette expression, « publication scientifique », qui revient souvent dans les textes, consiste en plusieurs types de communications, écrites ou numériques, que des chercheurs font de leurs travaux en direction de leurs pairs et d'un public de spécialistes. Ces publications décrivent, de manière détaillée, les études ou expériences menées, et les conclusions qui en sont tirées par les auteurs. Elles subissent un examen sur le sérieux des résultats mais aussi sur celui de la rigueur de la méthode scientifique employée pour les travaux en question. Ce système constitue le pilier de la validation scientifique.

La notion de littérature scientifique désigne plus largement l'ensemble des publications scientifiques. Les publications scientifiques permettent de diffuser des informations, produites et utilisées notamment par les chercheurs. Une partie de cette littérature peut être ensuite réutilisée par les revues de vulgarisation scientifique.

Chaque fois que j'ai eu le plaisir d'entrer dans une grande bibliothèque, ébloui par des centaines de milliers de livres étalés sur les rayons jusqu'au plafond, j'ai pris conscience que mon savoir, à tous les niveaux, n'était qu'une goutte d'eau dans un océan de connaissances. J'ai le même ressenti, en tant que spécialiste de l'électrosensibilité, face à l'immensité des connaissances « scientifiques » qui apparaissent dans les revues spécialisées sur ce sujet.

Un grand nombre de publications tendent à mettre en évidence la dangerosité des ondes. Les autorités médicales les ont-elles seulement regardées ? Qui décide celles qui sont intéressantes et celles qui ne le sont pas ? Certaines sociétés savantes sont-elles juges et parties ? Feraient-elles ce que les Anglais appellent du *cherry picking* – c'est-à-dire ne retenir que celles qui vont dans le sens de ce qu'elles souhaitent et veulent démontrer ?

Chapitre IV

30 000 publications scientifiques

« La science a fait de nous des dieux avant même que nous méritions d'être des hommes. »
Jean Rostand

M. Olivier Merckel, chef de l'unité d'évaluation des risques liés aux agents physiques à l'ANSES, nous explique[22] que d'importantes recherches et analyses bibliographiques ont été conduites : près de 500 publications scientifiques ont ainsi été examinées par le groupe de travail.

Les conclusions étaient, comme nous l'avons vu précédemment, que les ondes électromagnétiques n'avaient aucun effet sur la santé – pour être plus juste, que si elles en avaient, c'était pour des raisons émotionnelles qu'ils appellent l'effet nocebo.

Le problème, c'est qu'il y a 30 000 publications scientifiques en provenance de toutes les grandes universités de la planète qui tendent à dire le contraire, et mettent en évidence l'effet des CEM sur la matière vivante. Peut-on considérer que tous les chercheurs qui en sont les auteurs ne seraient que des pseudo-scientifiques ou mauvais scientifiques, ayant triché pour se faire valoir, ou seraient-ils eux-mêmes victimes de la peur irrationnelle des technologies sans fil ? Doit-on considérer ou accepter qu'il y ait deux vérités scientifiques alors que par définition, la science est universelle ? Ou bien, si j'avais mauvais

22. ANSES, « Hypersensibilité aux ondes électromagnétiques : amplifier l'effort de recherche et adapter la prise en charge des personnes concernées », art. cit.

esprit, doit-on considérer que les autorités médicales ne sont pas aussi scientifiques qu'elles le disent, en tout cas moins libres que ce qu'elles prétendent être ? Doit-on considérer que le mot « scientifique » dont elles se réclament n'est que le parapluie abritant des dessins obscurs ? Je ne le crois pas.

Peut-être, tout simplement, connaissent-elles mal la langue anglaise... Pour ceux qui la comprennent, j'ai inséré dans la bibliographie de ce livre l'ensemble des récentes publications scientifiques internationales sorties en mars 2020, provenant du monde entier. Elles ne sont bien sûr qu'une infime part des 30 000 existantes dans ce domaine. La liste est longue, elle concerne seulement un mois de publications : mars 2020. Je sais que vous ne les lirez pas, même si vous parlez parfaitement l'anglais. Mais si vous le faites, vous pourrez vérifier que toutes confirment l'effet des CEM, d'une nature ou d'une autre, sur la matière vivante ou ses constituants, d'une façon ou d'une autre – effets biologiques ou effets sanitaires. Je vous en livre un aperçu dans la bibliographie de ce livre uniquement pour que vous vous interrogiez sur le bien-fondé scientifique de la position des autorités médicales.

Je vous en livre ici quelques-unes, en français ou traduites de l'anglais, qui me paraissent particulièrement intéressantes et significatives sur l'effet des ondes électromagnétiques sur notre santé.

Des scientifiques de haut niveau lancent l'alerte

Partout dans le monde, des scientifiques de premier plan tentent de nous alerter sur le danger des champs électromagnétiques. Ce sont des personnalités reconnues, considérées comme l'élite, auteurs d'un très grand nombre de publications au plus haut niveau, dans différents domaines. Peut-on imaginer qu'elles s'amuseraient à transmettre de fausses informations, pour passer du vernis sur leurs ego, au risque de perdre une réputation si chèrement et laborieusement acquise ?

Le professeur Dominique Belpomme, cancérologue, auteur de centaines de publications dans des revues scientifiques à comité de lecture, est un des grands et rares spécialistes européens de la problématique de l'électrosensibilité. C'est d'ailleurs ce qui lui a valu, en son temps, d'avoir des démêlés avec le conseil de l'ordre des médecins. Il a présenté très récemment avec un de ses collègues la publication « L'électrohypersensibilité en tant que trouble neurologique pathologique nouvellement identifié et caractérisé – Comment la diagnostiquer, la traiter et la prévenir » :

« Depuis 2009, nous avons constitué une base de données qui comprend actuellement plus de 2 000 cas autodéclarés d'électrohypersensibilité (EHS) et/ou de sensibilité chimique multiple (MCS). Cette base de données montre que l'EHS est associée dans 30 % des cas à MCS, et que MCS précède la survenue d'EHS dans 37 % de ces cas associés à EHS/MCS. L'EHS et le MCS peuvent être caractérisés cliniquement par une image symptomatique similaire, et biologiquement par une inflammation de bas grade et une réponse auto-immune impliquant des auto-anticorps contre la O-myéline. De plus, 80 % des patients avec EHS présentent un, deux ou trois biomarqueurs de stress oxydatif détectables dans leur sang périphérique, ce qui signifie que globalement ces patients présentent un véritable trouble somatique objectif. De plus, en utilisant la tomosphygmographie cérébrale à ultrasons et l'échographie Doppler transcrânienne, nous avons montré que les cas avaient un défaut dans l'hémodynamique de l'artère cérébrale moyenne, et nous avons localisé une déficience d'indice pulsométrique tissulaire dans la zone capsulothalamique des lobes temporaux, suggérant l'implication du système limbique et le thalamus.

Dans l'ensemble, ces données suggèrent fortement que l'EHS est un trouble neurologique pathologique qui peut être diagnostiqué, traité et prévenu. Parce que l'EHS devient un nouveau fléau mondial insidieux impliquant des millions de personnes, nous demandons à l'Organisation mondiale de la santé (OMS) d'inclure l'EHS en tant que trouble neurologique dans la classification internationale des maladies[23]. »

23. Dominique Belpomme et Philippe Irigaray, « *Electrohypersensitivity as a Newly Identified*

La docteure Gaëlle Coureau, avec une équipe française, dirigée par l'Université Bordeaux Segalen – ISPED, équipe santé, travail, environnement, a travaillé sur la relation entre l'usage du téléphone mobile et l'apparition de deux types de tumeurs cérébrales chez l'adulte, les gliomes et les méningiomes.

Cette étude[24], baptisée CERENAT, a conclu qu'utiliser son téléphone portable plus de 15 heures par mois quadruplait le risque de tumeur au cerveau. Les chercheurs ont fait une relation entre une durée cumulée excédant 896 heures d'appels et le risque de développer un gliome (risque multiplié par 2,33). Les personnes téléphonant plus de 15 heures par mois ont quant à elles un risque 4 fois plus élevé que les utilisateurs non réguliers. Il existerait aussi une probabilité de développer un méningiome chez les gros consommateurs de téléphone portable : elle serait doublée chez ceux qui téléphonent plus de 15 heures par mois et chez ceux qui ont téléphoné plus de 896 heures depuis qu'ils possèdent leur appareil !

Une **étude suédoise** va dans le même sens[25]. Des études antérieures ont montré une association cohérente entre l'utilisation à long terme des téléphones mobiles et sans fil et le gliome et le neurinome de l'acoustique, mais pas pour le méningiome. Lorsqu'ils sont utilisés, ces téléphones émettent des champs électromagnétiques de radiofréquence (RF-EMF) et le cerveau est le principal organe cible pour le téléphone portable. L'Agence internationale pour la recherche sur le cancer (CIRC) a classé en mai 2011 RF-EMF comme un groupe 2B, c'est-à-dire un « possible » cancérogène pour l'être humain. L'objectif de cette étude était d'explorer davantage cette relation en particulier sur le long terme (plus de 10 ans) entre des téléphones sans fil et le développement de tumeurs cérébrales malignes.

and Characterized Neurologic Pathological Disorder: How to Diagnose, Treat, and Prevent It » (« L'électrohypersensibilité en tant que trouble pathologique neurologique nouvellement identifié et caractérisé : comment la diagnostiquer, la traiter et la prévenir »), *Journal of Molecular Sciences*, mars 2020.

24. Gaëlle Coureau, *et al.*, « *Mobile phone use and brain tumours in the CERENAT case-control study* », *Journal of Occupational and Environmental Medicine*, juillet 2014.

25. Lennart Hardell, *et al.*, « *Case-control study of the association between malignant brain tumours diagnosed between 2007 and 2009 and mobile and cordless phone use* », *International Journal of Oncology*, n° 43 (6), décembre 2013, p. 1833-1845.

Cette même étude confirme les résultats antérieurs d'une association entre l'utilisation du téléphone mobile sans fil et des tumeurs cérébrales malignes. Ces résultats appuient l'hypothèse selon laquelle RF-EMF joue un rôle à la fois dans l'initiation et les étapes de promotion de la cancérogenèse.

Toujours en Suède, **le professeur Olle Johansson**[26], spécialiste de l'électrosensibilité, est une personnalité de premier plan sur la thématique des rayonnements électromagnétiques et de leur impact sur la santé. Ses études ont été largement reconnues tant au niveau national qu'international.

À la lumière de ses nombreuses années de travaux sur les effets biologiques des CEM et sur le syndrome de l'électrohypersensibilité, soit près de 40 ans de carrière, il estime que « les expositions aux CEM devraient être réduites maintenant plutôt que d'attendre la preuve du préjudice avant d'agir. Cette recommandation est conforme aux principes traditionnels de santé publique et se justifie maintenant compte tenu des nombreuses preuves que des effets biologiques et des effets néfastes sur la santé se produisent à des niveaux d'exposition de plusieurs ordres de grandeur inférieurs aux normes de sécurité publique existantes dans le monde[27] ».

Aux États-Unis, comme ailleurs, des milliers de publications sont sorties sur l'effet athermique des ondes électromagnétiques sur les organismes vivants. J'ai retenu celles qui suivent, car elles expliquent parfaitement ce que je sais et mets en évidence tous les jours dans le cadre de mon activité professionnelle, c'est-à-dire que les ondes électromagnétiques sont responsables de tensions musculaires toniques réflexes. On prend alors le chemin de cette jeune science, discipline de la médecine officielle, mal connue et mal comprise, que l'on appelle la posturologie et qui peut expliquer en partie la symptomatologie des EHS.

---

26. Professeur agrégé à l'unité de dermatologie expérimentale, département de neurosciences, Karolinska Institutet, Stockholm, Suède.
27. Olle Johansson, *et al.*, « *Scientific panel on electromagnetic field health risks: consensus points, recommendations, and rationales* », *Reviews on Environmental Health*, n° 25 (4), octobre-décembre 2010, p. 307-317.

Le docteur William J. Rea, chirurgien cardiovasculaire texan, un pionnier de la médecine environnementale, a mis en évidence l'effet de l'énergie électromagnétique dans une étude en double aveugle réalisée en 1991 qui fait référence[28]. Cette étude comportait quatre phases pour assurer l'exactitude des données. La première phase a déterminé que les CEM externes n'interfèrent pas avec le test. La deuxième phase a impliqué 100 patients qui se plaignaient de sensibilité aux CEM. Ce test en simple aveugle impliquait un essai à une série de champs allant de 0 à 5 MHz en fréquence, plus cinq essais à blanc. Cette phase a révélé 25 patients sensibles aux champs, mais pas à blanc. Dans la troisième phase, ces 25 patients recevant les CEM ont été comparés à 25 témoins volontaires sains dans un essai à blanc, en double aveugle. Aucun des volontaires n'a réagi à l'essai à blanc, mais 16 parmi les 25 patients, soit 64 % de ceux qui avaient reçu les CEM, avaient des signes et symptômes positifs, ainsi que des changements au niveau du système nerveux autonome, par exemple un changement des réponses pupillaires à la lumière. Au cours de la quatrième phase, les 16 patients sensibles aux CEM ont été de nouveau irradiés, deux fois, aux fréquences auxquelles ils étaient les plus sensibles lors de l'essai précédent. La fréquence active s'est alors avérée positive dans 100 % des essais. Tous les tests placebo étaient négatifs.

Cette étude a fourni des preuves solides que la sensibilité à l'effet athermique des champs électromagnétiques était une réalité.

Le docteur Martin L. Pall, professeur émérite de biochimie et de sciences médicales fondamentales de la Washington State University, a mis en évidence que les canaux qui traversent nos membranes cellulaires s'ouvrent à partir d'un certain potentiel électrique, et laissent alors passer les ions calcium, avec **des conséquences notamment sur les muscles, en entraînant des contractures**, mais aussi sur les nerfs, en favorisant des **sécrétions neuroendocrines des neurotransmetteurs et un stress oxydatif**. Il a fait appel à sa spécialité, la biochimie, pour comprendre le mécanisme d'action de la pollution électromagnétique

28. William J. Rea, *et al.*, « *Electromagnetic Field Sensitivity* ». *Journal of Bioelecticity*, n° 10, 1991, p. 241-256.

des basses et des hautes fréquences, jusqu'au niveau cellulaire. Ses recherches ont déjà fait l'objet de nombreuses publications[29]. Parmi les autres syndromes émergents qui s'expliquent par les canaux calciques, il cite la fibromyalgie, la sensibilité chimique multiple et l'électrohypersensibilité. Sa position va complètement dans le sens du sujet de ce livre. En effet, cette deuxième publication tend à prouver que les micro-ondes agissent par activation des canaux calciques dépendants du voltage (VGCC), provoquant des impacts biologiques à des niveaux non thermiques.

Cette recherche remet en question la conception habituelle et officielle selon laquelle les champs électromagnétiques ne pourraient agir que par effet thermique. D'abord, une bonne vingtaine d'études montrent que les micro-ondes comme les basses fréquences agissent via activation des VGCC, vu que tous les effets observés étaient stoppés par des bloqueurs de canaux calciques. Ensuite, des centaines d'études montrent que les micro-ondes modifient les flux de calcium, y compris ceux d'ions Ca++ à l'intérieur des cellules. Les propriétés biophysiques des VGCC, notamment, les rendent particulièrement sensibles à de faibles expositions, dites non-thermiques, aux champs électromagnétiques. Des études à des niveaux non-thermiques montrent que la plupart du temps, les champs pulsés causent plus de réactions que les non-pulsés, et qu'il y a des plages d'intensités auxquelles les réactions biologiques sont plus fortes qu'à des intensités supérieures ou inférieures. Ces observations confortent l'hypothèse de l'action des champs électromagnétiques à la suite d'un effet athermique exclusivement et non pas par échauffement thermique.

Les effets en aval de l'activation des VGCC incluent la signalisation du calcium et de l'oxyde nitrique (NO), une augmentation du NO, de peroxynitrite, la formation de radicaux libres et de stress oxydatif. Ces effets expliquent à leur tour les conséquences biologiques souvent rapportées dans des publications sur les expositions dites non

29. Martin L. Pall, « *Electromagnetic fields act via activation of voltage-gated calcium channels to produce beneficial or adverse effects* », *Journal of Cellular and Molecular Medicine*, n° 17 (8), août 2013, p. 958-965, et « *Scientific evidence contradicts findings and assumptions of Canadian Safety Panel 6: microwaves act through voltage-gated calcium channel activation to induce biological impacts at non-termal levels, supporting a paradigm shift for microwave/lower frequency electromagnetic field action* », *Reviews on Environmental Health*, n° 30 (2), 2015, p. 99-116.

thermiques : cassures de simples ou doubles brins dans l'ADN cellulaire, cancer, infertilité, baisse de mélatonine, perturbations du sommeil, tachycardie, arythmie, tensions et divers problèmes neuropsychiatriques tels que la dépression.

Quand le docteur Pall parle des **sécrétions neuroendocrines des neurotransmetteurs**, il confirme ce que j'écrivais il y a quelques années dans *Les Maladies des ondes*[30], dans une sous-partie intitulée « Substance P, sérotonine et électromagnétisme » :

« La substance P est, tout comme la sérotonine, un important neurotransmetteur qui transmet des signaux et des informations à travers la jonction (synapse) qui sépare une cellule nerveuse d'une autre. La sérotonine, elle, est impliquée dans de multiples fonctions de régulation, comme celle de l'humeur et des cycles du sommeil. La substance P fonctionne avec la sérotonine et affecte la perception de douleur.

Ces deux substances travaillent en collaboration. La substance P est chargée de la transmission des impulsions douloureuses au cerveau et à la moelle épinière et produit un influx nerveux qui dilate les vaisseaux sanguins. Ces deux substances sont des facteurs clés dans la compréhension de la fibromyalgie.

Chez les personnes souffrant de fibromyalgie, des niveaux importants de substance P, parfois trois fois plus élevé, pourraient expliquer que la perception de la douleur soit si intense. De même, le taux bas de sérotonine et les symptômes de la fibromyalgie sont fortement associés ! Les femmes qui ont naturellement tendance à produire plus difficilement la sérotonine sont plus touchées par cette maladie que les hommes. Ce sont des impulsions électriques qui, en se déplaçant dans la cellule nerveuse, vont provoquer la libération ou pas de ces neurotransmetteurs, qui à leur tour vont activer et gérer l'ensemble des impulsions électriques le long du nerf.

30. Gérard Dieuzaide, *Les Maladies des ondes*, éd. Dangles, 2014.

Il paraît tout à fait logique que les champs électromagnétiques environnementaux au sens large, ou l'électrification du corps telle qu'elle est expliquée dans ce livre, puissent perturber et parasiter ces autoroutes de communication. »

Il est toujours intéressant de lire une publication scientifique qui valide ce que la clinique nous a permis de comprendre longtemps avant !

Le **docteur Frédéric Greco**, du centre hospitalier de Montpellier, a posé des réflexions particulièrement claires et intéressantes au sujet de ces publications :

« Le rayonnement électromagnétique pulsé et polarisé active les canaux calciques voltage-dépendants situés sur les neurones nociceptifs et en particulier du trijumeau (innervation de la face). Cela entraîne un influx de calcium dans le neurone et la création de radicaux libres avec production de molécules inflammatoires telles que la substance P et de la neurokinine, ainsi que la libération d'histamine.

Cela va entraîner au niveau de la dure-mère cérébrale une vasodilatation cérébrale artérielle sans action sur le système veineux entraînant une migraine. En fait, en fonction des individus, la sensation est décrite comme un brouillard cérébral et peut aller jusqu'à une "vraie" migraine avec vomissement et tout le cortège typique.

On peut retrouver le même mécanisme sur les neurones digestifs, vésicaux, et pulmonaires. Au niveau ORL, le trijumeau conduit directement l'information au cerveau et déclenche la "migraine". De plus, quand les récepteurs pulmonaires sont activés, ils entraînent des troubles du rythme cardiaque.

Au final, cela se termine par ce que l'on appelle un syndrome de sensibilisation centrale.

Mais qu'est-ce qui fait que certains sont EHS et pas d'autres ? Probablement la génétique, l'épigénétique et l'exposition, qui vont donner des canaux calciques et des récepteurs différents et plus ou moins sensibles en fonction des individus, comme l'a décrit Martin Pall en parlant des "canaux calciques voltage-dépendants[31]". »

Cette étude du docteur Martin Pall[32] commentée ici par le docteur Greco est particulièrement intéressante. En effet, elle explique la création de tensions sur le système tonique réflexe par l'activation des VGCC. Ces recherches justifient mon travail tel que je l'explique dans les chapitres suivants : les champs électromagnétiques induisent des tensions sur le système musculaire tonique.

Les ondes et le diabète

On constate que le nombre de jeunes de moins de 10 ans qui souffrent de diabète de type 1 est en augmentation constante puisqu'il a doublé ces 15 dernières années. Deux publications, l'une en provenance du Japon, l'autre du Canada, donnent des pistes sur les causes de ce mal en démontrant que les cellules de Langerhans (cellules du pancréas) diminuent leur sécrétion d'insuline en présence de champs électromagnétiques[33].

La doctoresse Magda Havas, professeure en sciences environnementales au Canada, a dirigé plusieurs études qui ont mis en évidence le lien entre augmentation du diabète et exposition aux CEM : « Nous pouvons prendre une personne qui est diabétique et la mettre dans un environnement pollué par les CEM avec des mesures de taux de sucre », a-t-elle indiqué dans une interview à *Toronto Magazine*. « Si nous la mettons ensuite dans un environnement propre dans la demi-heure, son niveau de sucre dans le sang est immuablement bien plus faible. Exposer une personne aux CEM ou pas, elle devient un vrai baromètre.

31. NDÉ : Réflexion réalisée lors d'échanges personnels par mail entre le docteur Greco et le docteur Dieuzaide.
32. M. Pall, art. cit.
33. T. Sakurai, *et al.*, « *An extremely low frequency magnetic field attenuates insulin secretion from the insulinoma cell line, RIN-m* », *Bioelectromagnetics*, n° 25, avril 2004, p. 160-166, et M. Havas, « *Electromagnetic hypersensitivity: biological effects of dirty electricity with emphasis on diabetes and multiple sclerosis* », *Electromagnetic Biology and Medicine*, n° 25 (4), 2006, p. 259-268.

D'après elle, l'association entre une exposition aux rayonnements électromagnétiques artificiels hautes et basses fréquences et l'évolution de l'état des diabétiques est un fait acquis qui a été démontré sans équivoque dans de nombreuses études scientifiques. Cette corrélation est démontrée non seulement scientifiquement mais aussi très facilement par un constat que peut réaliser toute personne diabétique lors d'un séjour à partir de quelques minutes dans une zone irradiée, par comparatif de son taux de glycémie par rapport à un autre séjour dans une zone à faible rayonnement[34]. »

Les enfants pourraient être les premiers concernés

Dans une étude de l'Université de Berkeley (États-Unis), les auteurs alertaient sur la **nocivité des ondes pour les enfants**[35]. Ils démontraient que leur **tissu cérébral** absorbait environ deux fois plus d'ondes que celui des adultes, et que leur **moelle osseuse** était dix fois plus exposée que celle des adultes.

Dans ce contexte, l'ANSES s'est inquiétée de l'exposition de plus en plus précoce des enfants aux nouvelles technologies sans fil : « À la différence des générations précédentes, les enfants sont aujourd'hui exposés, pour la plupart, à de multiples sources de radiofréquences dès leur plus jeune âge et même potentiellement dès la phase de développement *in utero* », déplorent les experts. Par ailleurs, pour une même quantité d'ondes, les enfants pourraient être plus exposés que les adultes du fait « de leur petite taille, de leurs spécificités morphologiques et anatomiques et des caractéristiques de certains de leurs tissus[36] », précise l'ANSES.

Il faut comprendre qu'en phase de croissance, les enfants sont fragiles. Cette plus grande disposition à absorber les ondes provient du fait

34. Next-up Organisation, « Diabète et champs électromagnétiques : l'évidence », juillet 2009.
35. R. D. Morris, *et al.*, « *Children Absorb Higher Doses of Radio Frequency Electromagnetic Radiation From Mobile Phones Than Adults* », *IEEE Access*, décembre 2015.
36. ANSES, « Exposition des enfants aux radiofréquences : pour un usage modéré et encadré des technologies sans fil », juillet 2016.

que le crâne et le cerveau des enfants sont plus petits que ceux des adultes : leurs tissus cérébraux sont donc plus fins et par conséquent plus sensibles. « Les enfants et les bébés à naître courent ainsi un plus grand risque de dommages corporels dus aux ondes dégagées par les appareils sans fil », selon le professeur Morgan, un des auteurs de l'étude de l'Université de Berkeley.

Les tumeurs cérébrales sont, après les leucémies, les cancers les plus fréquents chez l'**enfant**. Le **cancer** du **cerveau** est le seul cancer qui s'observe à fréquence égale tout au long de l'enfance. Le médulloblastome est la tumeur cérébrale maligne de la fosse postérieure la plus fréquente de l'enfant. Il représente environ 25 % des tumeurs cérébrales de l'enfant.

La tumeur cérébrale bénigne la plus fréquente est le gliome. Elle semble en augmentation régulière depuis les années 1980, pour des raisons probablement environnementales, encore mal cernées.

Le cerveau représente 10,8 % du poids d'un nouveau-né pour atteindre 2 % du poids de l'adulte. Son système de protection n'est pas mature avant 6 mois.

On sait que la leucémie (du grec *leukos*, blanc, et *haima*, sang), ou leucose, est un cancer des cellules de la moelle osseuse (les cellules de la moelle produisent les cellules sanguines, d'où le terme parfois utilisé de cancer du sang). Cette donnée interpelle, d'autant plus que la leucémie concerne principalement les enfants. Environ 9 000 chaque année en sont victimes (on compte 3 700 leucémies aiguës et 5 200 leucémies chroniques en 2012).

Toutes ces données doivent nous interpeller

Alors bien sûr, vous vous posez la même question que moi. Comment est-il possible que les autorités médicales restent sur leurs positions en prétendant que les CEM n'ont aucun effet sur notre santé ?

Comment peuvent-elles continuer d'affirmer, devant cette avalanche d'informations, avec force et entêtement, que les désordres de santé des électrosensibles sont uniquement dus à leur peur « irrationnelle » des technologies sans fil ? Cette vision des choses est en plus reprise en chœur par tous les médias et grands journaux nationaux. Et les faits sont encore plus graves quand on sait que nos gouvernements s'appuient sur leur expertise pour ouvrir les portes à toutes les nouvelles technologies, en vendant les fréquences aux grandes sociétés de communication sans fil pour leur business.

Autrement dit, passez votre chemin, il n'y a rien à voir !

Pourrait-on imaginer que les autorités scientifiques soient entre les mains du monde politique, et celui-ci entre celles du monde de la finance ?

Ou peut-être est-il difficile, quand on a bâti toute sa carrière, aussi brillante soit-elle, sur un certain socle conceptuel, d'accepter que celui-ci soit faux, ou pour le moins imparfait !

Pour paraphraser le formidable penseur qu'est Jean Staune, fondateur de l'Université interdisciplinaire de Paris, je dirais que le paradigme de la médecine officielle se fonde sur une vision essentiellement biochimique des sciences de la vie. « Les physiciens ont eu beau signaler aux biologistes le caractère obsolète de nombre de concepts avec lesquels ils travaillent, les chercheurs hospitaliers ou universitaires, dans leur ensemble, n'ont toujours pas pris en compte la véritable révolution culturelle engendrée par la physique des ondes. Non contents d'ignorer les découvertes d'une science on ne peut plus fondamentale, ils ont élevé une véritable muraille de Chine afin de faire barrage à ces idées, servant par-là, de toute évidence, les puissants intérêts des laboratoires pharmaceutiques et autres industries de la maladie[37]. »

37. Jean Staune, *Notre existence a-t-elle un sens ? – Une enquête scientifique et philosophique*, éd. Fayard/Pluriel, 2017.

Chapitre V

Des publications qui innocentent les ondes

« Nous avons construit un monde où l'intelligence
est la première des facultés, la science et la technique
nous tirent en avant, et nous chutons,
en produisant plus de misère, de famines, de maladies. »
Michel Serres

Soyons justes : à côté des publications évoquées au chapitre précédent, il existe aussi des centaines de publications scientifiques faisant une solide démonstration que l'environnement électromagnétique n'a aucun effet nocif sur la matière vivante, et donc sur notre état de santé en particulier. Cette diversité montre qu'il n'y a pas, en pratique, qu'une seule science, mais plusieurs. Alors la question se pose : laquelle est la bonne ? Y a-t-il de mauvais scientifiques qui nous démontreraient que les ondes électromagnétiques n'ont aucun effet sur notre santé ? Je ne le pense pas.

Nous sommes cernés depuis longtemps, mais encore plus aujourd'hui, par des émissions vibratoires de différentes origines : le transport et la distribution de l'électricité, les plaques à induction, les systèmes antivol et les communications sans fil sont des sources d'exposition aux champs magnétiques et électromagnétiques. Ces sources émettent sur une gamme de fréquences très large : celles extrêmement basses – 50 Hz pour le courant électrique –, auxquelles nous sommes confrontés depuis une centaine d'années, celles dues aux radiofréquences (de 400 MHz à 3 GHz) utilisées par différents moyens de radiocommunication, notamment la téléphonie mobile, celles du Wi-Fi ou la radiodiffusion, ainsi que des radars ou des fours à micro-ondes, et enfin, les fréquences intermédiaires (dans la gamme des kHz). Pour information, la 5G se situe entre 3,5 GHz maintenant et 26 GHz dans quelque temps. Le développement fulgurant de ces communications sans fil suscite des craintes dans la population. La situation est aggravée par la particularité de ces champs d'être invisibles et imperceptibles, mais surtout par le caractère imposé et subi de ces sources d'exposition. On ne peut pas y échapper ! Les autorités médicales, il faut le reconnaître – même si à mon sens elles le font mal –, tentent de comprendre pourquoi des millions de personnes sont en souffrance.

Nous avons vu dans un précédent chapitre la position de certains scientifiques qui affirment que les champs électromagnétiques sont dangereux pour notre santé et pour celles de nos enfants.

Démonstration scientifique

De grandes organisations, que j'appelle les autorités médicales, nous font une démonstration scientifique contraire, tout au moins plus tempérée. Je vous livre ici les conclusions de celle qui me paraît la plus juste, la plus neutre, et finalement la plus complète et compréhensible. C'est aussi à mon sens la plus accessible pour un public non averti. Même si je ne partage pas ses conclusions.

L'IMS, institut de recherche faisant partie de l'Université de Bordeaux, campus Talence (Isabelle Lagroye) a relaté des études épidémiologiques sur la relation entre ondes et santé.

Je résume ici ces études pour qu'elles soient le plus accessibles possible à votre compréhension. C'est ce qu'on appelle une méta-analyse, c'est-à-dire qu'elle s'appuie sur un grand nombre de publications diverses pour en tirer la substantifique moelle. Cette étude s'appuie sur les publications scientifiques citées en bibliographie.

1. Basses fréquences

« Concernant les champs magnétiques 50 Hz, depuis les années 1980, des études épidémiologiques ont soulevé un effet possible entre des expositions environnementales fortes, mais rarement rencontrées dans l'environnement quotidien, et la santé. La conclusion de cette étude est que l'exposition aux champs magnétiques 50 Hz **n'augmente pas le risque de leucémie** de l'enfant[38]. »

Par ailleurs, les conclusions du projet européen Arimmora ont été rendues publiques. Ce projet avait pour but de « déterminer les mécanismes biophysiques sous-jacents et de clarifier un lien de causalité possible entre l'exposition aux champs magnétiques de très basse fréquence et le cancer, en particulier la leucémie infantile ». Il conclut qu'**aucune avancée** dans la compréhension des mécanismes qui pourraient intervenir n'a été obtenue.

D'autre part, une étude épidémiologique avait suggéré un risque augmenté de développer une démence et notamment une maladie d'Alzheimer (MA), chez les personnes vivant en maison de retraite à moins de 50 m d'une ligne haute tension depuis plus de 10 ans, donnée non confirmée par une seconde étude publiée quatre ans plus tard. L'Office fédéral allemand pour la protection contre les radiations a financé une étude expérimentale sur des modèles de souris développant deux maladies neurodégénératives, la maladie d'Alzheimer (MA) et la sclérose latérale amyotrophique (SLA). Les résultats montrent que les souris exposées en continu développent les symptômes caractéristiques de ces maladies de façon similaire aux animaux non exposés. Cette étude est particulièrement intéressante pour les expositions professionnelles aux champs magnétiques 50 Hz et s'avère rassurante pour des expositions à des niveaux plus faibles.

2. Champs des radiofréquences

À ce jour, le seul effet biologique reproductible des champs radiofréquences pulsés de la téléphonie mobile (type GSM) est une modification de l'électroencéphalogramme (EEG) du sommeil, en particulier

38. Commission européenne, Arimmora, « *Advanced Research on Interaction Mechanisms of electroMagnetic exposures with Organisms for Rik Assessment* », octobre 2011-novembre 2015.

dans la gamme de fréquences 11-16 Hz correspondant aux fuseaux de sommeil, caractéristiques de la phase de sommeil léger. Pour autant, des variations existent entre les différentes études concernant notamment les fréquences affectées, la cinétique de l'effet ou le sens de la modification.

Afin de déterminer la variabilité interindividuelle et la stabilité intra-individuelle de la réponse EEG à un signal pulsé à 2 Hz, 20 sujets sains masculins ont été exposés à un signal de fréquence 900 MHz modulé à 2 Hz, sur 2 nuits à 2 semaines d'intervalle, pendant 30 minutes, et leur EEG a été enregistré. Il s'agit d'une étude croisée randomisée, en double aveugle.

Dans cette étude, ce n'est pas la bande alpha qui était modifiée mais la bande delta-thêta (1-8 Hz). Les résultats montrent qu'**il est difficile de prédire l'effet exact d'un signal pulsé** sur l'EEG du sommeil et que peu de conséquences biologiques sont à attendre. Il est important de noter que tous les sujets de l'étude ont démontré **une bonne qualité de sommeil**.

3. Au sujet des tests de provocation

L'intolérance environnementale idiopathique attribuée aux champs électromagnétiques (IEI-CEM), encore appelée électrohypersensibilité (EHS), est fréquemment évoquée par les médias et les nombreuses associations qui existent en France et en Europe. Les personnes se déclarant EHS souffrent de divers symptômes subjectifs et adoptent diverses mesures censées les protéger contre les ondes. Décrite initialement avec les installations à 50 Hz, l'EHS concerne aujourd'hui quasiment exclusivement les radiofréquences (RF). Un groupe de recherche a combiné et complété deux études précédemment publiées en évaluant le bien-être chez des personnes se déclarant EHS et exposées à des RF.

La première étude utilisait un protocole de provocation ouvert (15 minutes d'exposition), tandis que la seconde utilisait un protocole de provocation en double aveugle (50 minutes d'exposition) sur des sujets exposés à une station de base émettant en GSM ou UMTS.

La majorité des sujets de chaque étude ont réalisé le test complémentaire à celui initialement réalisé, portant à 88 et 101 le nombre de sujets EHS, respectivement en test de provocation ouvert (les sujets savent) et en test en double aveugle (les sujets ne savent pas).

Le score de bien-être a été évalué au moyen de l'échelle visuelle analogue et de la déclaration des symptômes ressentis. Le but était de pouvoir augmenter la charge électromagnétique RF qui permettrait de détecter un effet, même faible, chez les personnes se déclarant EHS. Cela en comparaison avec les sujets de contrôle, ne rapportant aucun effet en lien avec l'exposition aux RF. Les résultats indiquent que le score de bien-être des personnes se déclarant EHS est diminué seulement lorsque les sujets sont conscients d'être exposés aux RF. Les auteurs concluent donc que l'effet nocebo est une hypothèse retenue pour expliquer les résultats de la plus grande étude de provocation réalisée jusqu'à présent.

Discussion : des biais de toute nature

Je ne remets pas en cause le travail qui a été fait par ces scientifiques d'excellent niveau, pas plus que l'honnêteté de leur démarche. Il serait là aussi un non-sens de dire que toutes ces publications ont été bidouillées, mal faites, et ne correspondent pas à une réalité. On évitera ainsi de se comporter comme le font les autorités médicales au regard des publications qui ne vont pas dans le sens qu'elles souhaiteraient.

En revanche, on peut s'interroger sur la méthodologie et les protocoles qui ont été utilisés. Je prends l'exemple du test de provocation. Il faut savoir que ce test consiste à mettre une personne en présence de champs électromagnétiques, sans qu'elle le sache mais aussi parfois en lui faisant croire qu'on a activé l'émission de fréquences électromagnétiques alors que ce n'est pas le cas. On lui demande si elle sait faire la différence entre le moment où les champs sont activés et les moments où ils sont coupés. Il ressort de l'étude précédente que certaines personnes ressentent des symptômes quand elles croient que des champs électromagnétiques sont activés, alors qu'en réalité ils ne le sont pas. On conclut alors à un effet nocebo. *A contrario*, quand les champs électromagnétiques sont activés, mais qu'elles ne le savent pas, elles ne ressentent rien. Cela signifierait que tout est dans la tête ! Je n'ai jamais douté qu'il y ait dans la maladie des ondes une participation émotionnelle, que je mets régulièrement en évidence lorsque je pratique mes tests, comme nous le verrons dans les chapitres suivants. Le nier n'a aucun sens.

Cependant, il y a des fautes évidentes de protocole pour que cette démonstration de l'innocuité des champs électromagnétiques soit valable.

Une des critiques les plus évidentes sur la méthode employée à l'encontre de ces études est qu'elle excluait les sujets présentant une intolérance généralisée, c'est-à-dire les personnes les plus sensibles, les plus atteintes. Peut-être pour leur éviter d'inutiles souffrances...

Une autre critique est le fait que des dispositifs expérimentaux comparaient des expositions réelles à des expositions fictives ; or les dispositifs eux-mêmes sont émetteurs de signaux électromagnétiques de manière faible mais réelle, et possiblement supérieurs au seuil de sensibilité des personnes électrosensibles qui ont participé à ces tests.

Il y a donc là, sans aucun doute possible, des biais, qui ne permettent pas de tirer de conclusions objectives de ces travaux.
Mais d'autres raisons font que ces études de provocation ne constituent vraiment pas une solution solide pour aborder l'électrohypersensibilité.

En premier lieu, pour des questions de durée. On parle, dans ces études, d'un temps d'exposition de 15 minutes, puis de 50 minutes. Est-il bien sérieux de demander à une personne qui est dans une pièce, avec tout le stress que cela comporte, si elle ressent ou pas des symptômes quand son environnement électromagnétique est activé pour des durées aussi brèves ?

De plus, l'étude se fait dans une pièce qui, à ma connaissance, n'est pas une cage de Faraday, vide de tout CEM. C'est une pièce normale dans laquelle, par définition, il existe tous les appareils nécessaires pour modifier l'environnement. Ils sont eux-mêmes émetteurs. À partir de là, comment peut-on penser isoler l'effet du champ électromagnétique induit par l'expérimentateur, de ceux déjà présents ?

Mais aussi, qu'en est-il de l'émotionnel de la personne étudiée quand elle est mise en observation avec un grand nombre de gens autour, qui épient chacun de ses gestes et de ses ressentis ? Quand on parle de l'effet nocebo, il faut le considérer dans les deux sens, à charge et à décharge et non pas uniquement dans celui dont on veut faire la démonstration et la preuve !

Enfin, je m'inquiète aussi concernant la nature des fréquences envoyées sur le sujet étudié. Il y a une notion qui échappe totalement au monde des électrosensibles, comme à ceux qui pratiquent des recherches sur ce sujet. C'est que ce n'est pas seulement un problème quantitatif. C'est également un problème qualitatif. Le professeur Martin Pall, que j'ai déjà cité, nous explique ce que je vérifie tous les jours : « Il y a des plages d'intensités auxquelles les réactions biologiques sont plus fortes qu'à des intensités supérieures ou inférieures[39]. » Il peut également y avoir des interférences de toute nature susceptibles de modifier un résultat. N'oublions pas que la particularité des ondes, c'est de pouvoir interférer. Je le constate et le mets en évidence tous les jours dans le cadre de mon activité professionnelle.

Je fais souvent cette comparaison avec la problématique de l'allergie, même si d'un point de vue physiopathologique, les deux phénomènes n'ont rien à voir. Il est bien connu que certaines personnes sont allergiques au poil de lapin, en réalité souvent aux poils de certaines races de lapin, comme le lapin de garenne. Mais elles peuvent ne pas l'être par exemple avec les poils de lapin angora. Pourtant, tous les deux sont des lapins. Il en est de même pour les ondes, certaines fréquences insignifiantes entraîneront beaucoup plus de problèmes que d'autres fréquences plus puissantes.

39. Éric, « Canaux calciques perturbés, maladies à la clé », Teslabel Coordination, janvier 2016.

Pour continuer la comparaison avec l'allergie aux poils de lapin, j'ajoute que la notion de temps d'exposition est essentielle. Un allergique qui passe cinq minutes avec un lapin n'aura pas les mêmes problèmes que s'il habitait dans un clapier. C'est la même chose avec notre environnement électromagnétique.
De plus, si vous êtes à la terre, les conséquences sur votre ressenti seront différentes, voire quasiment insignifiantes !

J'explique dans un des chapitres suivants la notion de tensions toniques réflexes induites par l'environnement électromagnétique. Même si les tensions sur le système tonique réflexe sont immédiates, elles s'amplifient après un certain temps, qui dépend de la susceptibilité de la personne mais aussi de la nature physique, fréquence, longueur d'onde, spin, du signal électromagnétique envoyé. D'autre part, le système tonique réflexe est aussi le système antigravitaire, c'est-à-dire le système musculaire qui nous permet de nous tenir debout de façon réflexe et d'adapter tous les actes de la vie – bouger, se pencher, marcher, courir, et répondre à toutes nos activités physiques. Comment peut-on tester une personne enfermée dans un studio, sans qu'elle ne bouge ni ne marche, voire assise ? C'est comme si on étudiait la vie d'un poisson dans un bocal.

J'évoquerais aussi le réflexe de Pavlov. Cette théorie s'intéresse aux résultats d'un apprentissage dû à l'association entre des *stimuli* de l'environnement et les réactions automatiques de l'organisme. Il est bien connu que si vous donnez un coup de sonnette avant de nourrir un chien avec de la bonne viande, plusieurs fois, au bout d'un certain temps il finira par saliver rien qu'en entendant le bruit de la sonnette, même si l'assiette est vide !

Certaines personnes hyperélectrosensibles se plaignent de l'effet d'une antenne-relais quand elles sont en leur présence. Les chercheurs se sont aperçus que parfois, elles se plaignaient pareillement alors que l'antenne en question n'était en réalité pas en activité. On en conclut que ces personnes sont victimes de « la peur de l'antenne-relais » c'est-à-dire d'un effet nocebo.

Il n'y aurait rien d'étonnant que ces personnes développent cette peur, elles qui, chaque fois qu'elles passent devant une antenne-relais, ressentent des désagréments. Le jour où elle a été inactivée sans qu'elles le sachent pour faire l'expérience, elles pourraient être victimes d'une forme de réflexe pavlovien.

Tout ce qui précède pour dire que les scientifiques qui procèdent ainsi à ces tests de provocation méconnaissent la difficulté, la finesse nécessaire pour obtenir des résultats sérieux. Avec les ondes, nous sommes face à un monde invisible, subtil, plein d'interactions, d'interférences et de résonances avec notre propre système oscillatoire et neurosensoriel. Cela n'a pas été compris par les scientifiques qui sont chargés de son exploration.

Cette recherche sur les effets biologiques et sanitaires des champs magnétiques et électromagnétiques de l'environnement souffre toujours de résultats controversés. On peut le comprendre car elle est à l'interface avec la physique des ondes, c'est pourquoi elle est trop souvent mal appréhendée. Tous les biais sont possibles en raison de la complexité de l'effet des radiofréquences sur les cellules, sur les tissus, sur l'émotionnel, mais aussi par méconnaissance des complexes lois de la physique sur l'électromagnétisme et sur la biologie moléculaire.

Chapitre VI

L'homme électromagnétique

« S'il fallait tenir compte des services rendus à la science,
la grenouille occuperait la première place. »
Claude Bernard

Les origines de la vie sur Terre demeurent incertaines. Les plus anciens micro-organismes fossiles datent d'au moins 3,5 milliards d'années. La communauté scientifique imagine qu'elle s'est créée à partir d'un environnement « prébiotique » constitué de différentes molécules organiques, d'eau et d'énergie, provenant du rayonnement électromagnétique issu du Soleil, des étoiles et des éclairs.

La planète Terre baigne depuis toujours dans une soupe électromagnétique complexe venant du ciel, mais aussi de la terre. Toutes les planètes, le Soleil et toutes les étoiles émettent des rayonnements qui viennent percuter la magnétosphère, l'ionosphère et finissent par arriver jusqu'à nous sous la forme d'une interférence que l'on appelle la résonance de Schumann. Il y a aussi les ondes magnétiques, se propageant radialement à partir du centre de la Terre (du noyau vers la surface), qui sont dues d'une part aux mouvements de la Terre sur elle-même et dans le cosmos, d'autre part à la nature et aux déplacements divers des éléments internes au globe terrestre (écorce, manteau, noyau externe et noyau interne). La vie sur la Terre est née dans cet environnement électromagnétique et magnétique naturel très particulier.

Le système vibratoire humain

Les organismes occupant la biosphère ont utilisé les rythmes de ces champs pour élaborer leurs propres cycles et leurs propres systèmes de biocommunication. On peut pratiquement considérer que ces rythmes ont finalement conditionné la construction de toute vie sur Terre. La fréquence moyenne de la fréquence de Schuman se situe entre 7 et 10 Hz et correspond à la fréquence moyenne des ondes du cerveau de l'être humain. Cette fréquence est un battement régulier, une pulsation, un « battement cardiaque », proche de la fréquence alpha du cerveau. Elle agit comme un chef d'orchestre général de la vie. Cette corrélation pourrait expliquer l'évolution physiologique du développement de la vie sur Terre (publication Direnfeld en 1983 et Becker en 1990). C'est la somme de toutes ces vibrations qui va, à un moment donné, être à l'origine d'un biorythme sans lequel la vie ne pourrait exister. Ainsi, depuis qu'il existe, l'être humain baigne dans des champs électromagnétiques naturels avec lesquels il s'est construit. Ce n'est sans doute pas un hasard si les fréquences émises par le cerveau sont semblables à celles des champs électromagnétiques naturels de notre planète, comme ceux de Schumann.

Les champs électromagnétiques artificiels, notamment ceux qui sont alternatifs, en rencontrant ceux qui sont naturels, vont rajouter plusieurs chefs d'orchestre dans le même ensemble musical.

On peut dire que jusqu'à la révolution industrielle, dans les années 1850, ce souffle et l'humain qui en était le fruit vivaient en parfaite harmonie, entre ce qui venait du sol et ce qui venait du ciel. Mais force est de constater que cela, c'était avant ! Durant ces trente dernières années, en raison de l'apparition de nouvelles technologies, les sources électromagnétiques se sont multipliées et l'exposition quotidienne de l'être humain à ces champs s'est d'autant plus accrue. Aujourd'hui, notre environnement est parasité de tous côtés par des signaux électromagnétiques divers et variés de plus en plus nombreux et complexes : Wi-Fi, ondes radar, téléphones portables, lignes électriques, transformateurs, babyphones, Bluetooth, voitures électriques, domotique, compteurs communicants et autres Linky, bientôt 5G, etc.

Des interférences

C'est pourquoi de nombreuses études se sont orientées vers les interactions entre champs électromagnétiques et tissus biologiques. La connaissance de l'influence de ces champs sur le corps humain est d'une importance considérable, aussi bien dans le milieu médical qu'industriel.
D'une part, les champs électromagnétiques sont utilisés à des fins médicales, aussi bien pour les diagnostics – par exemple, en imagerie par résonance magnétique (IRM) ou plus généralement en imagerie médicale –, que pour les traitements (en oncologie, pour les traitements par électrochimiothérapie). D'autre part, le monde de la recherche en biologie a compris aujourd'hui que tous les mécanismes biochimiques cellulaires qui participent à la vie sont sous-tendus par des champs électromagnétiques endogènes et exogènes. L'être humain n'échappe pas à la règle !

Nos cellules, des résonateurs

Nous savons que les cellules vivantes possèdent des systèmes de résonateurs capables d'émettre et de capter toutes sortes de signaux, c'est une coopération harmonieuse qui permet la transmission d'informations entre tous les tissus vivants de façon quasi immédiate. Il arrive notamment que l'envoi des messages ambulatoires ayant une fonction de régulation ou d'équilibre soit perturbé lorsque des ondes interfèrent avec celles provenant de notre environnement électromagnétique artificiel.

Notre cerveau et l'ensemble de notre organisme, au cours de leur évolution, ont sélectionné dans l'environnement électromagnétique naturel certaines fréquences pour maîtriser leurs propres systèmes de fonctionnement et de communication. Ainsi, il ne me paraît pas difficile d'accepter que les champs électromagnétiques artificiels de toute la gamme du spectre puissent interférer avec notre propre champ oscillatoire.

Mais les champs électromagnétiques peuvent être aussi à l'origine d'effets thermiques, eux-mêmes affectant la circulation des fluides des tissus. Ainsi, les conséquences couplant ces phénomènes – électriques et magnétiques – doivent être prises en considération. Les tissus vivants sont des matériaux complexes comparés aux matériaux traditionnels étudiés ; le corps humain est un milieu fortement hétérogène composé d'une multitude de constituants – os, peau, muscles, graisses – ayant chacun des propriétés très particulières. Les tissus biologiques sont essentiellement faits d'eau, et à partir de là, ils se comportent comme un matériau diélectrique.

L'Institut national de recherche et de sécurité pour la prévention des accidents du travail et des maladies professionnelles (INRS) a fait un travail intéressant sur ce sujet, parce que « politiquement » neutre. C'est une association type loi de 1901, à but non lucratif, créée en 1947 sous l'égide de la Sécurité sociale (CNAM).

Il s'agit d'une étude scientifique[40] sur l'interaction entre l'environnement électromagnétique et la santé, notamment au service des travailleurs confrontés à ce facteur de risque.

Pour l'INRS, ces interactions entre les ondes électromagnétiques et le corps humain sont complexes et dépendent d'un grand nombre de facteurs liés aux caractéristiques de l'onde et du tissu biologique rencontré. Je vous en fais ici un résumé.

L'importance de ces interactions dépendrait d'une part de l'intensité, de la fréquence et de l'orientation du champ électromagnétique auquel le tissu est exposé. C'est-à-dire la géométrie du tissu, ses caractéristiques électromagnétiques (perméabilité magnétique et permittivité diélectrique) et sa conductivité.

La permittivité électrique d'un matériau décrit la réponse de celui-ci face à un champ électrique. Les différents tissus constituant le corps humain ont chacun une permittivité propre. Le corps étant

40. L. Bensefa-Colas et A. Ranchoux-Lamodière, « Intolérance environnementale idiopathique attribuée aux champs électromagnétiques », INRS, *Références en santé au travail*, n° 135, septembre 2013.

principalement constitué d'eau, la permittivité d'un grand nombre d'organes se trouve être proche de celle de l'eau, qui est environ 80 fois supérieure à celle de l'air. C'est pour cette raison que la présence d'un corps humain modifie la répartition du champ électrique rencontré. Il y a création d'un courant dans l'organisme. **Le champ électrique** a pour effet de déplacer les charges électriques au sein d'un matériau. Dans le cas d'un champ électrique variable dans le temps, l'orientation du champ s'inverse périodiquement et les charges se déplacent ainsi dans un sens puis dans l'autre. En d'autres termes, il y a création d'un courant alternatif. Plus la conductivité d'un tissu est élevée, moins celui-ci va s'opposer au passage de ce courant. Le passage d'un tel courant peut être à l'origine de faits biologiques.

Le champ électrique interagit également avec les molécules polaires comme les molécules d'eau. Dans le cas d'un champ électrique variable dans le temps, les molécules s'orientent périodiquement dans un sens puis dans l'autre. Ce mouvement a pour effet d'échauffer la matière par friction. Plus la fréquence est élevée, plus le mouvement est rapide, rendant l'échauffement plus important. Il y a également une forte influence de l'intensité du champ. Cet échauffement peut être à l'origine d'une élévation de la température des tissus.

En ce qui concerne **l'effet magnétique**, comme pour la permittivité, la perméabilité du matériau dépend de la fréquence du champ magnétique.

La traversée d'un volume conducteur par un champ magnétique variable dans le temps induit un courant électrique. Plus la conductivité électrique du tissu est élevée, moins celui-ci va s'opposer au passage de ce courant. Dans le cas du corps humain, faiblement conducteur, le courant créé peut être à l'origine d'effets biologiques.

Dans le cas où un **champ électromagnétique** rencontre un tissu biologique, une partie de l'énergie est réfléchie, une partie est transmise, et le reste est absorbé par le tissu. La profondeur de pénétration du rayonnement électromagnétique dans un matériau conducteur dépend des caractéristiques de celui-ci et de la fréquence de l'onde.

Dans le cas du corps humain, les ondes ayant des fréquences élevées (de l'ordre de quelques gigahertz) ne pénètrent pas profondément dans les tissus, contrairement aux basses fréquences. Les interactions se produisent ainsi uniquement en surface.

Dans le cas particulier de l'interaction avec un élément métallique comme des implants médicaux chez des personnes exposées aux champs électromagnétiques, des forces d'attraction sont susceptibles d'apparaître. S'il existe des dispositifs médicaux actifs, c'est-à-dire comportant de l'électronique, il peut y avoir un risque de dysfonctionnement.

Ainsi, en fonction du type de charges rencontrées, des interactions vues précédemment peuvent être à l'origine d'**effets à long terme** et d'effets directs.

Pour les effets à long terme, le CIRC, qui est une agence de recherche sur le cancer de l'OMS, a classé les radiofréquences également en catégorie 2B sur la base d'études épidémiologiques portant sur les téléphones portables[41].

Les effets biologiques et sanitaires directs à court terme connus sont les effets de stimulation électrique de tous les tissus du système nerveux central et périphérique, dus aux courants induits en basse fréquence, c'est-à-dire à moins de 10 MHz. Mais on constate aussi des effets thermiques dans les tissus provoqués par les hautes fréquences, comme les effets du courant induit dans le corps humain à plus de 100 kHz.

« Parmi les nombreux effets biologiques observés, certains peuvent avoir des conséquences nocives pour la santé. En basse fréquence, **la stimulation des nerfs et des muscles peut entraîner des contractions musculaires et des stimulations nerveuses parasites**. Les champs hautes fréquences génèrent en priorité des échauffements localisés ou une hyperthermie. À certaines fréquences et pour des

41. CIRC, « Le CIRC classe les champs électromagnétiques de radiofréquences comme "peut-être cancérogènes pour l'homme" », communiqué de presse n° 128, 31 mai 2011.

niveaux d'exposition plus faibles que pour les effets sur la santé, il a été observé des effets de type "sensoriels". En champ statique, lors d'une exposition de la tête associée à des mouvements, des effets tels que vertiges, nausées, sensation de goût métallique dans la bouche peuvent être ressentis[42]. »

Lors de l'exposition à un champ hautes fréquences, la puissance absorbée par les tissus biologiques se quantifie grâce au débit d'absorption spécifique (DAS). On considère que l'exposition du corps entier durant 30 minutes à un champ pouvant produire un DAS de 4 W par kilo entraîne un échauffement de 1 °C des tissus. De cette considération physiologique est issue la valeur limite d'exposition à 0,4 W pour l'ensemble du corps et par kilo.

Concernant **les travailleuses enceintes**, la réglementation impose une position la plus faible possible sans dépasser les valeurs limites d'exposition du public aux champs électromagnétiques définies par le décret.

Discussion

Ce travail permet de mieux comprendre la complexité des champs électromagnétiques. Comme leur nom l'indique, ils ont deux composantes – électrique et magnétique –, chacune ayant un effet particulier et différent de l'autre sur la matière vivante.

Un champ électrique émet des champs magnétiques. Un champ magnétique est à l'origine d'un champ électrique.

Ainsi, les champs électromagnétiques, selon leur fréquence et leur intensité, pourront agir sur la matière vivante par leur effet thermique, notamment en ce qui concerne les champs hautes fréquences. En basse fréquence, ils pénètrent plus profondément dans les tissus et entraînent des contractions musculaires et des stimulations nerveuses parasites. Mais je note surtout qu'il est bien expliqué et compris que

42. INRS, « Champs électromagnétiques – ED 4350 », novembre 2018, p. 5.

certains « implants médicaux » viennent potentialiser leurs effets sur le vivant. On rejoint encore une fois ce que je vais expliquer longuement dans les chapitres suivants quand je parlerai des reconstitutions dentaires et de leurs conséquences.

Chapitre VII

Le SICEM, un réseau de causalité

> « Presque toujours, les plus grands effets
> sont dus aux plus petites causes. »
> Émile de Girardin, *Pensées et maximes*

La médecine moderne est une médecine essentiellement symptomatique. Cela veut dire qu'elle s'intéresse davantage aux conséquences ultimes qu'aux causes réelles d'une maladie. Elle prépare ainsi ses praticiens à apporter une réponse « chimique » à une extraordinaire diversité de symptômes. Mais ceux-ci ne constituent généralement qu'une conséquence de causes lointaines. Si par exemple vous avez mal au dos, votre médecin va ausculter la zone, vous faire passer une radio du dos, vous donner une pommade anti-inflammatoire à passer sur l'endroit douloureux, vous prescrire des anti-inflammatoires et, pourquoi pas, vous faire porter une gaine pour immobiliser vos vertèbres. On multipliera ainsi les actes médicaux, sans se poser la question de la raison de ce mal, sans imaginer une seconde qu'il puisse venir d'ailleurs.

Une médecine réductrice

Ce qui est intéressant avec le SICEM, c'est que la médecine reconnaît le handicap de vie des électrosensibles, mais refuse le fait qu'il puisse venir de l'environnement électromagnétique. Pour elle, comme vous le savez, le problème vient de la tête…

Cette attitude est extrêmement réductrice, même d'un point de vue purement diagnostique médical. On reconnaît le handicap mais pas la cause qu'invoquent les milliers de personnes hyperélectrosensibles. De plus, les autorités médicales affirment que le souci ne vient pas des champs électromagnétiques environnementaux, et qu'il s'agit d'un effet nocebo.
Se sont-elles posé la question de savoir s'il y avait autre chose, d'autres éléments qui leur auraient échappé, et qui participeraient au tableau clinique de « la maladie des ondes » ?

Chercher la cause

La notion de causalité devrait être essentielle en médecine. On pourrait la définir comme une tentative systématique d'élaborer une grille de lecture du réel, à visée explicative de la symptomatologie du patient. Le médecin, quelle que soit sa spécialité (praticien, chercheur, épidémiologiste) est sans cesse confronté à une notion de cause dont le sens ne devrait envelopper aucune vision mécaniste du vivant.

Le patient se demande toujours : « Quelle est la cause de ce qui ne va pas en moi ? Pourquoi ai-je ces symptômes ? » Explication qui doit déboucher naturellement sur l'établissement d'un diagnostic, et permettre ainsi de mettre un nom sur une maladie. On peut appeler « cause » toute exposition qui précède l'apparition de la maladie et augmente la probabilité de contracter cette maladie. En épidémiologie, ce concept, celui de la relation de cause à effet, est dit probabiliste, c'est-à-dire que l'exposition à un facteur de risque peut entraîner une certaine augmentation de la fréquence d'une pathologie dans une population.

Réseau de causalité et interactions causales

À cette notion de cause, je préfère personnellement une autre approche qui est celle de la notion de réseau de causalité. Elle me paraît plus pertinente quant au sujet de ce livre. Une cause unique n'entraîne que rarement une maladie. Beaucoup de chercheurs hospitaliers ont compris aujourd'hui qu'une maladie pouvait être le résultat d'une multitude de causes et même qu'une seule cause pouvait induire plusieurs maladies. Aujourd'hui, au lieu de parler de cause unique, on parlera donc plutôt de réseau de causalité, concept qui prend en compte les effets de plusieurs agents, leur addition, mais aussi leur interaction. Dans ce dernier cas, on parlera alors d'interactions causales. **Le SICEM ne peut s'expliquer que de cette façon.**

La maladie peut se concevoir comme une entité opposée à la santé, dont l'origine – la cause, au sens large – provient d'une altération ou d'un déséquilibre de l'état physiologique ou morphologique considéré comme normal, cela même ayant une multitude de raisons.

L'émotionnel, responsable mais pas coupable

Ma conviction est que les champs électromagnétiques à eux seuls ne sont pas suffisants pour entraîner la maladie des ondes. Ils sont un des éléments, un facteur déclenchant d'une chaîne délétère dans laquelle il ne fait aucun doute qu'un des maillons s'appelle l'émotionnel. Cette certitude vient avant tout de mon expérience professionnelle. Ce sont mes patients – plusieurs milliers – hyperélectrosensibles, fibromyalgiques, qui me l'ont appris. Je rejoins en cela l'avis des autorités médicales précédemment citées. En effet, on ne peut pas balayer d'un revers de main l'ensemble des études scientifiques ayant mis en place des tests de provocation qui n'ont pas fait la démonstration d'une relation entre des symptômes et une radiofréquence, quelle qu'elle soit. Et cela, même si les protocoles de ces tests de provocation sont parfois largement biaisés et doivent être pris avec circonspection. Il n'en reste pas moins vrai que ces symptômes peuvent, selon de nombreuses publications, apparaître en l'absence de champs électromagnétiques seulement si le sujet croit qu'il a été exposé. Les champs électromagnétiques ne sont donc dans ce cas pas toujours la cause nécessaire qui entraîne des symptômes.

L'origine du SICEM est de toute évidence multifactorielle et invite à une prise en considération de facteurs environnementaux, biologiques et psychologiques dans le diagnostic et le traitement de ce syndrome mal compris. Il nécessite une approche globale et multidisciplinaire afin de couvrir au mieux les différents aspects de sa symptomatologie.

Avec tout le respect que je lui dois, c'est cet aspect que l'Académie de médecine – et le monde médical en général – n'a pas compris. Les ondes électromagnétiques ne sont qu'un des éléments de la maladie des ondes, mais elles sont souvent **l'élément déclencheur**, sans lequel cette maladie n'aurait jamais existé. On pourrait même dire qu'en elles-mêmes, toutes seules, elles n'entraînent que peu de conséquences symptomatiques sur notre état de santé. Mais elles sont la clé d'un effet domino entraînant un sujet dans un cercle vicieux délétère.

Mais attention, j'ai bien dit « symptomatiques », car de nombreuses études et publications tendent à démontrer qu'elles peuvent être à l'origine dans le temps de très graves maladies, comme des cancers, des maladies neurodégénératives et des maladies chroniques. Il nous faut aussi admettre que certaines personnes présentent probablement de plus fortes susceptibilités aux ondes que d'autres. Même si ce n'est pas la même chose d'un point de vue physiopathologique, il y a des personnes qui, avec une allergie, vont éternuer trois fois, et d'autres qui, avec la même allergie, vont faire un œdème de Quink et en mourir.

Chapitre VIII

Des syndromes voisins…

« La croyance que rien ne change provient
soit d'une mauvaise vue, soit d'une mauvaise foi.
La première se corrige, la seconde se combat. »
Nietzsche

Syndrome d'intolérance aux champs électromagnétique, chimicosensibilité, syndrome de déficit postural, fibromyalgie, fatigue chronique : les symptômes sont les mêmes.

Les autorités médicales, quand elles parlent du SICEM, n'oublient jamais de préciser que l'ensemble de symptômes annoncés par les victimes des ondes est toujours autoproclamé. Ce qui d'ailleurs laisse penser qu'ils sont tout simplement inventés ! Elles rajoutent toujours qu'ils ne sont pas spécifiques à cette problématique de santé. Il est vrai qu'il y a des centaines de raisons d'avoir des maux de tête, des vertiges, des acouphènes, des palpitations, des douleurs musculaires et articulaires, des sensations d'oppression, ou même de faire un burn-out. Mais puisqu'il en est ainsi, il est étonnant que ces autorités n'aient jamais essayé de porter ce qu'on appelle un diagnostic différentiel relativement à la symptomatologie des hyperélectrosensibles. C'est pourtant un principe de base. Aucun diagnostic ne peut être considéré comme sérieux si cela n'est pas fait.

Comment poser un diagnostic différentiel

Le diagnostic différentiel est un temps de l'acte médical permettant d'identifier la nature et la cause de l'affection dont un patient est atteint. Il permet de différencier une maladie d'autres pathologies qui présentent des symptômes proches ou similaires. Ce processus cherche à établir un diagnostic plus sûr à travers une approche méthodique qui prend en considération autant les éléments qui permettent d'exclure une maladie que ceux qui pourraient la confirmer.

Le diagnostic différentiel peut aboutir à plusieurs hypothèses impossibles à départager à un instant donné, mais qui seront infirmées ou confirmées au cours du temps ou à l'aide d'approches complémentaires.

Dans le cas du sujet de ce livre, une anamnèse, sous forme d'une enquête policière, me paraît indispensable. Il faut chercher quand les premiers symptômes ont commencé, quelle était leur nature, qu'est-ce qui s'est passé avant, etc. Il faut examiner le patient, et réaliser les examens appropriés pour déterminer la nature et la gravité de la maladie présentée par les patients est une nécessité. Le thérapeute émet des hypothèses sur la base de ses observations. Il effectue l'analyse des dires du patient et, si nécessaire, en fonction de son champ de compétence, celle des tests paracliniques qu'il connaît.

Il existe aussi le diagnostic d'élimination, une démarche permettant d'identifier une maladie difficile à prouver, et dont le diagnostic ne doit, ou ne peut, être fait qu'après l'élimination de toutes les autres causes possibles. Par exemple, même si c'est un peu simplificateur, la médecine officielle considère que la maladie des ondes est une maladie émotionnelle, qui a pour origine la peur des nouvelles technologies sans fil. Mais a-t-elle éliminé toutes les éventuelles autres causes ? Celles-ci peuvent aussi contribuer à affiner le diagnostic et mieux comprendre la maladie en question.

Le chaînon manquant

Ce sont des milliers de patients électrosensibles qui sont passés à ma consultation ces quinze dernières années. À raison d'une heure par patient en moyenne, cela fait des milliers d'heures passées à leurs côtés. Et ceci ne veut pas dire assis en face de moi, de l'autre côté de mon bureau.

Mon activité de spécialiste en posturologie m'a permis de pratiquer sur eux un grand nombre de tests, de les toucher, mais aussi de les interroger longuement.

« Oser comprendre pour oser savoir, oser savoir pour oser agir » : cette maxime du philosophe Spinoza a été pendant toutes ces années mon unique ambition. C'est en forgeant qu'on devient forgeron ! Une évidence s'est imposée à moi : il manquait un outil dans la compréhension de la maladie des ondes. Non seulement de la part de la médecine officielle mais aussi de la part des personnes hyper-électrosensibles elles-mêmes et de leurs associations. Ce chaînon manquant s'appelle **« tension musculaire tonique réflexe »**. Je pourrais le formuler comme une règle absolue : **la présence de champs électromagnétiques entraîne des tensions sur le système tonique réflexe**. Il n'y a pas d'exception. C'est une règle, une loi de la nature, et nous y sommes tous soumis, même si nous n'en souffrons pas tous.

Ces tensions sont mises facilement en évidence par quiconque sait les lire, soit par la pratique de tests d'amplitude des mouvements articulaires, soit par le toucher. Ces tensions sur le système tonique reflexe postural sont **responsables** par effet domino d'**une grande partie** de ce que l'on appelle le syndrome d'intolérance aux champs électromagnétiques. Ce syndrome est très proche – pour ne pas dire que c'est le même – de celui du **syndrome de déficit postural**, étudié dans cette discipline de la médecine officielle appelée **« posturologie »**.

Ces tensions chroniques, ces contractures, dues aux ondes, se rajoutant à celles déjà présentes pour d'autres raisons que nous verrons plus tard, les activant, potentialisant et majorant, vont entraîner les sujets concernés à sortir de leurs limites d'adaptation. C'est ainsi que naissent la majorité des symptômes attribués au syndrome d'intolérance aux champs électromagnétiques. Mais c'est le cas aussi d'autres troubles de santé mal étiquetés par la médecine officielle, je pense notamment à la fibromyalgie, qui pour moi n'est pas autre chose qu'une « électro-myalgie ».

Le syndrome d'intolérance aux champs électromagnétiques (SICEM) et syndrome de déficit postural (SDP) sont très voisins

En médecine, un symptôme est un signal, une manifestation douloureuse, un signe clinique, représentant la manifestation d'une maladie. Généralement, pour une pathologie donnée, les symptômes sont multiples.

Un syndrome est un ensemble de signes ou une accumulation de symptômes qui apparaissent simultanément et qu'un patient est susceptible de développer lors de certaines maladies.

L'identification des causes des maladies permet notamment de déterminer les interventions les plus appropriées pour soulager le patient. Cette approche donne également la chance au patient, connaissant l'origine de sa maladie ou de son déséquilibre, de mener les actions nécessaires et de faire les changements dans son hygiène de vie pour éviter de rechuter et pour prévenir d'autres problèmes de santé.

Le syndrome d'intolérance aux champs électromagnétiques (SICEM)

Il est caractérisé par des symptômes fonctionnels variés, non spécifiques, ressentis et déclarés par les sujets eux-mêmes, quand ils se retrouvent dans un environnement chargé d'ondes électromagnétiques.

Les autorités prétendent, comme je l'ai indiqué précédemment, qu'il n'existerait pas pour le moment de preuves cliniques et biologiques. D'autres appellations existent, comme intolérance environnementale idiopathique (sans cause connue) attribuée aux champs électromagnétiques (IEI-CEM, formulation recommandée par l'OMS) ou « électrohypersensibilité EHS ». Vous aurez probablement remarqué que j'appelle souvent ce phénomène la « maladie des ondes ».

Les personnes qui déclarent en souffrir affirment réagir à des intensités bien inférieures aux seuils au-delà desquels sont censés se manifester les effets thermiques connus des champs électromagnétiques sur le corps, les seuls qui sont pris en compte dans la définition des normes d'exposition du public.

Bien que les symptômes soient reconnus comme réels, les essais cliniques réalisés en double aveugle démontreraient que les personnes étudiées étaient incapables de distinguer une exposition aux champs électromagnétiques réelle d'une exposition simulée. Ces études suggèrent donc que l'effet nocebo joue certainement un rôle non négligeable, sans écarter d'autres hypothèses. L'OMS indique également que ces symptômes peuvent être dus à des maladies psychiatriques préexistantes, « ainsi qu'à des réactions de stress résultant de la crainte inspirée par les éventuels effets sur la santé des CEM, plutôt que de l'exposition aux CEM elle-même[43] », ce qui serait alors de l'électrophobie.

Certains symptômes presque systématiquement rapportés par les personnes électrohypersensibles sont durables et se cumulent :
- une grande fatigue ;
- des maux de tête (parfois extrêmement violents) ;
- un défaut de concentration ;
- une raideur de la nuque ;
- une sensation d'oppression au niveau de la cage thoracique ;
- des palpitations ;
- des douleurs au milieu du dos ou articulaires ;

43. OMS, « Champs électromagnétiques et santé publique : hypersensibilité électromagnétique », décembre 2005.

- des troubles du sommeil ;
- des acouphènes ;
- des douleurs musculaires généralisées ;
- des nausées et sensation d'ébriété ;
- un fourmillement ou picotement localisé sur la peau ;
- le syndrome de Raynaud ;
- des douleurs oculaires.

Le syndrome de déficience posturale (SDP)

Cette jeune science appelée posturologie peut être considérée comme une méthode d'étude pluridisciplinaire de l'acte moteur automatique et inconscient qui permet à l'être humain de stabiliser sa posture en statique ou en dynamique. C'est ainsi que l'être humain peut prendre la mesure de son environnement afin de s'y situer de façon harmonieuse, physiquement mais aussi psychologiquement.

Des tensions musculaires réflexes toniques permettent au corps de ne pas s'effondrer comme le ferait un vulgaire tas d'os. Si on compare l'axe vertébral à un mât de bateau, c'est ce tonus qui tend les haubans. Une faiblesse, un déséquilibre ou une asymétrie à ce niveau compromet la solidité, la sécurité et la pérennité du navire. Pour que ces tensions soient adaptées à une situation donnée, statique ou dynamique, il faut que des informations venant de notre environnement puissent être engrammées afin que ces tensions puissent être harmonisées :

- Les exo-capteurs ou capteurs sensoriels d'informations en provenance de l'extérieur du corps vont délivrer au système nerveux central des messages qui nous permettent de nous situer par rapport à notre environnement (œil, pied, audition).

- Les propriocepteurs ou capteurs sensoriels d'informations en provenance de l'intérieur du corps vont délivrer au système nerveux central des messages qui nous permettent de connaître les positions relatives des différents segments du corps les uns par rapport aux autres (dents, langue, articulations).

- **Les centres supérieurs** vont analyser les informations récoltées par ces capteurs et envoyer une réponse appropriée à chaque situation. Ce phénomène étant une activité réflexe, il s'agit d'un système fonctionnant sous l'emprise du **système nerveux autonome**.

Finalement, ce sont les effecteurs, c'est-à-dire les muscles, et surtout ceux que l'on appelle toniques ou antigravidiques, qui seront les exécutants. **Si ces messages sont mal transmis, mal reçus, déformés, parasités, incohérents ou mal interprétés, alors la réponse musculaire sera incohérente, anarchique, inadaptée et le patient s'enfoncera dans des pathologies posturales et cognitives.** « Pathologie posturale » signifie la présence de tensions toniques capables d'entraîner des postures vrillées avec toutes leurs conséquences sur notre structure positionnelle.

Le tableau clinique sera constitué d'un cortège de symptômes, récoltés ici sur Internet pour le syndrome de déficit postural :
- fatigue chronique ;
- hyperalgie de l'épaule ;
- douleurs musculaires de type fibromyalgique ;
- torticolis ;
- polyalgies ;
- rachialgie ;
- sciatalgie ;
- tendinites ;
- douleur lombaire ou inguinale ;
- douleur thoracique ;
- palpitations ;
- troubles cognitifs (difficulté de concentration, troubles dyslexiques, fatigue, etc.) ;
- bourdonnements d'oreille ;
- acouphènes ;
- parésies ;
- fourmillement aux mains ou pieds ;
- céphalées ;
- migraines ;
- problèmes orthoptiques ;

- fatigue au réveil ;
- déficit de la concentration ;
- dépression ;
- syndromes vertigineux ;
- déséquilibres ;
- dyspnée.

Comme nous pouvons le voir, **ces deux syndromes sont constitués des mêmes symptômes**. C'est parce que c'est la même chose. Les ondes constituent ce qu'on appelle, en posturologie, une entrée posturale, c'est-à-dire qu'elles sont inductrices de tensions toniques.

Le SICEM : des symptômes peu spécifiques

C'est ainsi que les autorités évoquent le SICEM, en parlant du peu de spécificité des symptômes autodéclarés par les EHS. Cela veut dire qu'on retrouve des symptômes voisins dans d'autres pathologies. On a alors vraiment du mal à comprendre pour quelles raisons elles n'ont pas essayé de faire des études différentielles et comparatives des différentes symptomatologies voisines connues. Je pense notamment à la fibromyalgie, au syndrome des amalgames, au syndrome de déficit postural, à celui de la fatigue chronique, et pourquoi pas à la maladie de Lyme, comme nous le verrons dans les prochains chapitres. Une telle étude leur aurait probablement évité de mettre comme étiologie essentielle à la maladie des ondes la cause psychosomatique.

Chapitre IX

La chimicosensibilité

« Les croyances sont les choses
que l'on tient pour vraies malgré l'évidence du contraire. »
Joseph O'Connor

On ne peut pas écrire un livre sur l'électrosensibilité sans aborder la chimicosensibilité. Nous savons qu'il y a une étroite liaison entre ces deux problématiques de santé, et on est en droit de se demander pour quelle raison. On ne voit pas trop quelle peut être la relation entre une onde électromagnétique, essentiellement physique, et l'effet sur la santé de certains produits chimiques.

Sans nier le rôle de la pure chimie dans cette problématique, mon expérience professionnelle m'a permis de mettre en évidence et de prouver l'effet électromagnétique d'une matière chimique sur un organisme vivant. En fait, la chimicosensibilité serait aussi, à mon sens, une électrosensibilité à une matière chimique. Même si cette approche peut paraître à certains iconoclaste, elle est le fruit de centaines d'observations. Pour ne parler que des preuves les plus évidentes de mes affirmations, je n'en citerai que deux :

- Une matière « chimique » mise au contact d'un chimicosensible entraîne des limitations spectaculaires de l'amplitude de certains mouvements articulaires. Rien n'est passé dans le sang !

- Quand un chimicosensible fixe du regard à distance une matière chimique à laquelle il est sensible, on a le même résultat. C'est la preuve expérimentale qu'il s'agit en réalité d'une susceptibilité à l'effet vibratoire du produit en question. Aucune molécule chimique ne peut bien sûr passer dans l'organisme du sujet à distance.

À mon sens, il s'agit donc bien d'une électrosensibilité au signal électromagnétique d'une matière. Ces faits sont reproductibles et systématiques chez les chimicosensibles.
D'ailleurs, à ce sujet, le professeur Dominique Belpomme, dans la préface qu'il a eu la gentillesse de faire de mon livre *Les Maladies des ondes*, a écrit :

« Dans cette perspective, c'est par conséquent la physique qui commanderait à la chimie, l'intolérance chimique étant liée à des phénomènes purement électromagnétiques. À l'appui de cette hypothèse, l'auteur évoque les travaux sur la mémoire de l'eau de Jacques Benveniste et les plus récents de Montagnier, ainsi que son expérience de la posturologie. L'idée est intéressante et je ne suis pas loin de souscrire. Car l'électromagnétisme n'est qu'un élément parmi d'autres, certes le plus important, mais ne résumant pas l'ensemble des propriétés chimiques de la matière qu'elle soit inerte ou vivante. »

Le professeur Dominique Belpomme considère que l'hyperélectrosensibilité et la multichimicosensibilité sont la même maladie. Cette approche rejoint ma conviction profonde, que je cite également quand je parle du syndrome de l'amalgame. J'explique dans ce dernier cas que le problème n'est pas le mercure, mais le signal électromagnétique de l'amalgame. Il en est de même pour la chimicosensibilité qui, je le répète, procède du même effet. C'est pour cette raison qu'hyperélectrosensibilité et chimicosensibilité sont traitées de la même façon par le professeur Dominique Belpomme. Je le cite :

« Nous avons en routine, en clinique, l'association SICEM-MCS. Soit l'électrosensibilité précède la chimicosensibilité, soit l'inverse. C'est la même maladie. C'est la raison pour laquelle aujourd'hui, nous traitons ces malades de la même façon avec des résultats thérapeutiques en cours d'analyse mais qui vont plutôt dans le bon sens pour l'instant, d'après ce que nous disent les malades. »

Cette affirmation va complètement dans le sens de mon expérience et il est intéressant de noter que des nuisances si différentes peuvent avoir les mêmes conséquences, tant sur le plan symptomatique que physiologique ! Il s'agit en fait d'une sorte d'allergie à des fréquences vibratoires quasiment insignifiantes, insoupçonnables, mais dont l'existence est prouvée par le fait même de leur action sur certains organismes humains susceptibles à leur effet. L'onde commande à la chimie.

Aux États-Unis
Le docteur William J. Rea était un grand spécialiste des maladies environnementales et fondateur de l'Environmental Health Center. Il a traité plus de 30 000 patients présentant une sensibilité chimique. Il accusait une centaine de pesticides répertoriés comme perturbateurs endocriniens d'être, avec d'autres éléments, responsables de la chimicosensibilité. Il parlait notamment du glyphosate et de l'atrazine, rejoignant ainsi les études du professeur Gilles-Éric Séralini. Pour le docteur Rea, les pesticides perturbateurs du système endocrinien minimisent la fonction œstrogénique dans la mesure où ils modifient les récepteurs et convertissent les stéroïdes en œstrogènes actifs ou leurs expressions. Dans le Midwest, le maïs, le blé et toutes les céréales contiennent des herbicides ; les fruits des autres régions du pays sont chargés d'insecticides. C'est la même chose en France, mais aussi dans les grandes régions viticoles françaises, comme le Bordelais ou la Champagne…

Au Canada
Le docteur Roy Fox est un des rares experts en médecine environnementale. Il fut nommé directeur par intérim du Nova Scotia Environmental Health Centre, un établissement spécialisé dans le traitement des maladies environnementales. En 2010, on estimait que 5 % des Canadiens souffraient de sensibilité chimique, de fatigue chronique et/ou de fibromyalgie. Ce centre médical fut construit avec différents matériaux de construction neutres et parfaitement tolérés par des patients devenus hypersensibles aux produits chimiques. Ce docteur estime que la meilleure façon de réduire les symptômes d'hypersensibilité environnementale acquise est d'éviter les agents

polluants et de désintoxiquer le corps. Ce centre était spécialisé dans le traitement de personnes souffrant de pathologies chroniques complexes d'origine environnementale, notamment **le syndrome de fatigue chronique, la fibromyalgie et la multichimicosensibilité. Il préconisait d'éviter de donner des médicaments quels qu'ils soient, parce que beaucoup de ces patients étaient intolérants à ceux-ci.**

Je partage complètement cette opinion. De plus, le docteur Fox affirme que la prise de médicaments neuroactifs constitue un dernier recours qui comporte des risques pour les personnes intolérantes aux produits chimiques et aux champs électromagnétiques. Cette information est intéressante quand on sait que ces maladies étant considérées comme psychogènes en France, les médecins ont toujours tendance à prescrire justement des anxiolytiques ou des antidépresseurs. Le docteur Fox « considère que la sensibilité aux CEM et aux produits chimiques n'est pas une maladie unique et distincte, mais plutôt la manifestation d'un changement sous-jacent du système nerveux central. Dans la littérature, la sensibilité centrale, ou syndrome de sensibilisation, apparaît comme un changement pathophysiologique qui explique la multichimicosensibilité, les migraines, la fibromyalgie, la fatigue chronique et la douleur chronique[44] ».

Comme je le fais également, ce docteur conseille le sauna sec à ondes infrarouges. C'est, pour lui, un élément clé du traitement car il aide le corps à se désintoxiquer : la sueur contient souvent des neurotoxines, comme les pesticides, et des métaux lourds, comme le plomb et le mercure.

44. André Fauteux, « L'électrohypersensibilité due à des agressions répétées au cerveau », site maisonsaine.ca, mai 2013.

Chapitre X

Fibromyalgie : même combat

« Quand on n'a qu'un marteau, tous les problèmes deviennent des clous. »
Abraham Maslow

Le syndrome d'intolérance aux ondes électromagnétiques, le syndrome de l'amalgame, le syndrome fibromyalgique, comme celui de la fatigue chronique, ont un point commun. C'est que la médecine officielle n'en connaît pas les causes. Ce sont ce qu'on appelle des maladies idiopathiques. Un autre point commun tout aussi intéressant est que la symptomatologie qui les caractérise est extrêmement voisine. Nous savons tous que le monde médical aime classer, ranger dans les tiroirs d'une commode des pathologies qui sont pourtant, à peu de chose près, très proches les unes des autres, voire semblables – le spécialiste de l'un des tiroirs ne communiquant jamais avec celui du tiroir voisin. Cette situation est le résultat d'une hyperspécialisation dont un de mes amis disait en riant que parfois, le spécialiste du pouce avait oublié qu'il y avait quatre autres doigts à la main. Ainsi va la vie !

En ce qui concerne la fibromyalgie, le médecin la reconnaît comme telle, à partir du moment où il y a, sur le corps de son patient, onze points douloureux à la pression. S'il y en a seulement dix, alors ce n'est plus de la fibromyalgie ! Si c'est le cas, vous ne serez pas placé dans son tiroir. Il se passe la même chose dans un très grand nombre de problématiques de santé.

Je cite l'Académie de médecine :
« La fibromyalgie est un syndrome clinique fait de douleur chronique, de fatigue, de troubles du sommeil, de symptômes dépressifs et anxieux, mais dépourvu de signes cliniques objectifs et d'anomalie biologique ou anatomopathologique. L'OMS la classe conjointement parmi les troubles de l'appareil locomoteur et parmi les **affections psychiatriques**. La fibromyalgie ne peut cependant être assimilée à une maladie psychiatrique définie.

[…] Cependant, si l'accord paraît aujourd'hui général sur la réalité de ce syndrome douloureux chronique et même sur sa fréquence, des doutes persistent à s'exprimer sur la légitimité d'en faire une maladie. La raison en est **le caractère subjectif** des troubles invoqués (douleur, fatigue, mal-être, troubles du sommeil), le fait qu'ils ne sont que statistiquement (et non individuellement) associés, le caractère artificiel et abusif des critères de classification quand on les utilise à tort comme critères de diagnostic, et surtout l'absence de toute anomalie biologique ou anatomopathologique susceptible de rendre compte des symptômes déclarés ou d'en garantir l'objectivité. Il est, à ce sujet, significatif que les troubles qui caractérisent la FM puissent être aussi bien classés dans les troubles de l'appareil locomoteur que dans les faits de somatisation au chapitre des troubles somatoformes[45]. »

Notons que l'approche de l'Académie de médecine sur cette maladie est la même que sur celle de la maladie des ondes. C'est une maladie sans signes cliniques objectifs, sans anomalie biologique, sans causes connues, autoproclamée et donc classée comme une maladie psychiatrique.

La posturologie nous enseigne que la structure ne gouverne pas la fonction. En effet, les dernières recherches en neurophysiologie des systèmes intégrés nous conduisent à penser que l'élaboration de la fonction précède le temps structurel : le cerveau peut être imaginé comme une boucle perception/action/perception. Sauf accident ou maladie, on peut considérer qu'un grand nombre de lésions structurelles sont la conséquence d'une altération de cette boucle perception/

45. Académie nationale de médecine, « 07-02 La fibromyalgie – Rapport », janvier 2007.

action/perception, que cette altération soit d'origine cognitive, électromagnétique, proprioceptive, ou psycho-émotionnelle. Ce qu'il faut comprendre également, c'est que ces quatre origines ne peuvent pas être dissociées : on a rarement l'une sans avoir l'autre, elles interagissent toujours les unes avec les autres. Elles s'alimentent les unes les autres !

En réalité, ces trois syndromes – EHS, SDA et fibromyalgie – devraient être tous les trois classés dans un grand tiroir qu'on pourrait appeler « syndrome de déficit proprioceptif postural ». Les ondes électromagnétiques environnementales en sont devenues aujourd'hui un des principaux acteurs.

En pratique, la fibromyalgie se manifeste comme une cuirasse de tensions généralisées des parties molles dans toutes les régions possibles du corps.

La maladie touche surtout les personnes d'âge moyen et les femmes beaucoup plus que les hommes, comme dans le syndrome d'électrohypersensibilité. Comme elle affecte davantage les femmes, on l'a classée autrefois comme une conséquence des hystéries féminines[46]. Elle est encore considérée comme une maladie mentale, à versant dépressif. Cela dit, les troubles peuvent aussi se faire sentir dès la première jeunesse, et les personnes âgées ne sont pas toujours à l'abri de la fibromyalgie.

Combattre les préjugés

En plus de souffrir de douleurs chroniques et de bien d'autres maux, les fibromyalgiques, comme les EHS, se heurtent encore et toujours à des préjugés. C'est ainsi qu'on les soupçonne d'être des malades imaginaires, d'inventer leurs symptômes, d'être des simulateurs ou de

46. « Pour Hippocrate, les Égyptiens de l'Antiquité et nombre de leurs successeurs y compris dans la médecine des Lumières jusqu'à Jean-Martin Charcot, le phénomène hystérique était limité aux femmes comme l'origine du mot "hystérie" ("utérus" en grec) le souligne d'ailleurs d'emblée. Cette pathologie est restée fortement associée à la féminité, en dépit des efforts au XIXe siècle de Charcot, Janet, Freud, Breuer, etc. qui ont chacun démontré l'existence d'hystéries chez les hommes. » (Wikipédia, novembre 2020)

vouloir se soustraire aux exigences de la vie professionnelle moderne, c'est-à-dire d'être des tire-au-flanc, comme on le dit parfois des EHS.

Comme pour le syndrome d'électrohypersensibilité, la fibromyalgie n'est pas un « mal-être » à la mode chez des gens qui rechignent à travailler, mais un état douloureux sévère correspondant à une maladie bien réelle. Elle échappe pareillement aux méthodes de diagnostic habituelles.

Comme si les douleurs chroniques ne suffisaient pas à leur malheur, les fibromyalgiques sont affligés d'une multitude de tourments, par exemple :
- troubles du sommeil ;
- fatigue diurne et épuisement chronique ;
- faibles capacités d'effort ;
- raideur matinale, mains et pieds froids ;
- sensibilité au temps (froid, humidité, vent) ;
- problèmes circulatoires et sensation de vertige ;
- troubles gastriques, intestinaux et cardiaques ;
- maux du bas-ventre (vessie, règles) ;
- sensation d'oppression et troubles respiratoires fonctionnels ;
- fourmillements dans les mains, les bras et les jambes ;
- maux de tête de type migraineux ;
- troubles visuels et auditifs ;
- problèmes cutanés ;
- trous de mémoire (« brouillard » fibromyalgique) ;
- difficultés de concentration (oublier des noms, chercher ses mots) ;
- dépression ;
- angoisses.

Remarquez que ce sont les mêmes troubles que ceux des EHS.

Ces troubles ne sont pas toujours simultanés et ne surviennent pas tous chez chaque patient. Pour la médecine officielle, la cause est bien sûr essentiellement un désordre psychique. Les fibromyalgiques ont donc droit à un traitement à base d'anxiolytiques et d'antidépresseurs. Cherchez l'erreur !

En réalité, la fibromyalgie n'est pas autre chose qu'une forme de la maladie des ondes. Cela fait partie de mon quotidien de recevoir ces patients et de les aider, la plupart du temps avec succès.

Des malades et des associations mal informées

Comment un fibromyalgique pourrait-il faire une relation entre ses problèmes de santé et l'environnement électromagnétique ? Il est difficile d'accepter que ses douleurs puissent avoir une relation avec ces ondes invisibles qui nous entourent. De la même façon, pour beaucoup de ces malades, il ne peut pas y avoir de relations avec leur alimentation ou avec leurs dents. Vous, lecteur, vous lisez ce livre parce que vous êtes éveillé à la réflexion qu'il exprime. Mais il y a des millions de personnes qui n'ont jamais entendu parler de la problématique des ondes. C'est la même chose pour les associations qui les représentent. La plupart d'entre elles partagent l'opinion officielle qui est que la maladie des ondes n'existe pas. Certaines même n'ont jamais entendu parler d'électrosensibilité. Elles ont toutes le regard tourné vers la médecine chimique dans l'espoir qu'elle amènera une solution qui pourra aider leurs membres. De plus, et c'est bien naturel, les malades sont aux mains de la Sécurité sociale, dont les acteurs principaux sont les médecins chimistes pour qui il est clair que c'est une maladie venant de l'esprit. Les traitements sont ainsi des anxiolytiques, des antidépresseurs, et des antalgiques souvent dangereux.

Tous les fibromyalgiques sont des électrosensibles

Tous les jours, je reçois des patients se disant fibromyalgiques, mais qui sont en réalité des hyperélectrosensibles. Tous les jours, je reçois des hyperélectrosensibles qui sont fibromyalgiques. Comme le reconnaissent les autorités médicales, les symptômes de ces problématiques de santé ne sont pas spécifiques. Cela veut dire qu'il y a des susceptibilités individuelles, suivant l'histoire de chacun, et que la situation personnelle dépend d'une multitude d'autres facteurs. Je les évoquerai dans les chapitres suivants. Certains symptômes seront plus intenses chez les uns ou chez les autres. Mais c'est la même problématique, la même origine.

Lors de la sortie d'un de mes premiers livres, j'étais entré en contact avec une association de fibromyalgiques, dans le but de leur donner mes droits d'auteur. J'avais eu au téléphone un membre du conseil d'administration, une dame, qui m'avait très aimablement répondu, en me félicitant de ce geste généreux. « Si tout le monde était comme vous ! » m'avait-elle dit. Mon offre tombait bien, parce que le lendemain de mon appel, il y avait justement une réunion du conseil d'administration.

Elle allait donc en parler, et elle me rappellerait par la suite pour me dire comment procéder. Étant sans nouvelles, une quinzaine de jours plus tard, je la rappelai. Elle me répondit en « bégayant » que des médecins faisant partie du conseil d'administration s'étaient demandé que pouvait venir faire un soi-disant spécialiste des ondes, qui plus est des dents, dans la fibromyalgie. Cela n'était pas clair et sentait l'arnaque... Ainsi, ils refusèrent les droits d'auteur que je leur proposais, fustigeant ceux des membres qui voulaient les accepter !

Ce type de comportement met bien en évidence la position d'un certain monde médical, formaté à une certaine vision chimique de la santé. C'est exactement la même chose pour le SICEM. Il faut espérer qu'un jour, « les ondes » seront mises dans leur boîte à outils pour aider les millions de personnes qui en sont les victimes.

Une étude clinique avortée

En 2017, un médecin hospitalier, spécialiste de la douleur, ayant validé par lui-même l'efficacité de mon approche, a voulu lancer une étude clinique sur la fibromyalgie. Pour faire les choses officiellement, il a fait une demande à la CNIL qui a fini par donner son autorisation au bout de deux ans :

« ***Mise en place d'une étude clinique en partenariat avec le docteur Dieuzaide sur les conséquences à long terme du déparasitage électromagnétique en bouche dans le cas de douleur de type fibromyalgiques***

18 janvier 2017

Depuis plus de dix ans maintenant, le docteur Gérard Dieuzaide propose un traitement naturel de la fibromyalgie pour améliorer le confort de vie dans cette affection, un déparasitage électromagnétique, qui consiste à enlever certains matériaux incompatibles dans la sphère buccale et à les remplacer par des matériaux compatibles d'un point de vue électromagnétique.

Nous souhaitons aujourd'hui étudier l'efficacité de ce traitement sur le long terme. Notre étude consiste à observer l'évolution des symptômes des patients traités selon les concepts du docteur Gérard Dieuzaide après un, trois, six et douze mois. Il ne s'agit pas d'un traitement expérimental. Le docteur Dieuzaide propose ce traitement à tous ses patients souffrant de fibromyalgie lorsque cela est nécessaire, qu'ils participent ou non à l'étude.

Des centaines de témoignages vont dans le sens d'une forte amélioration de santé à la suite de ces déparasitages. Vous serez traité de la même façon et avec les mêmes égards, que vous acceptiez ou non de participer à cette étude. Vous n'aurez personnellement aucun intérêt à y participer, mais votre participation pourrait mener à développer les connaissances scientifiques dans cette affection et à mieux traiter les patients à l'avenir. Les travaux en bouche pourront être effectués par le dentiste choisi par le patient, à condition que les indications de traitement émises par le docteur Dieuzaide soient rigoureusement respectées. Pour que les données vous concernant soient utilisables dans cette étude, il est important de répondre aux questions dans les limites qui sont fixées par le questionnaire. Une réponse au-delà de ces limites rendrait l'ensemble du questionnaire inutilisable.

Docteur Arnaud Montigny
Hôpital privé Océane, Vannes »

Malheureusement, malgré des résultats très intéressants, cette étude ne pourra pas être continuée à la suite de blocages de certains médecins chimistes hospitaliers.

L'*establishment* médical réagit toujours avec beaucoup de rigidité à ce qui ne vient pas de lui. Une information novatrice, inattendue, bousculant des schémas mentaux balisés, se heurte aux habitudes, aux croyances admises, aux conforts intellectuels. Qu'il s'agisse de congruence cognitive ou de résistance au changement, lorsqu'une idée nouvelle arrive, on tend souvent à l'ignorer, à la refouler, à l'anesthésier, à privilégier le connu à la découverte. Et l'information inédite ne délivre son message qu'avec du retard, ou jamais.

Je suis toujours étonné de constater chez un grand nombre de professionnels de santé une surprenante fermeture d'esprit à tout ce qui n'a pas fait partie de leur formation initiale. Comme si les connaissances acquises l'étaient pour toujours, de façon irrémédiable et ne souffraient d'aucune contestation.

L'autre écueil, c'est la spécialisation. La spécialisation morcelle les problèmes, entraînant qui plus est, selon moi, une forme d'irresponsabilité – les responsables d'un compartiment se sentant rarement responsables de l'ensemble. Ce n'est pas leur problème. Les « médecines alternatives » ne sont pas toujours épargnées par ce réductionnisme.

Chapitre XI

Fatigue chronique

« Ce n'est pas en améliorant la bougie
qu'on a inventé la lumière. »
Albert Einstein

Le syndrome de fatigue chronique fait partie, avec la maladie des ondes et la fibromyalgie, du trio de ce que j'appelle les maladies mystérieuses, celles pour qui la médecine officielle est impuissante mais surtout pour lesquelles elle n'a aucune explication. Aucun marqueur biologique ne permet de l'identifier. Seul un ensemble de symptômes, lorsqu'ils se manifestent de façon intense et sont particulièrement invalidants, permet de déterminer si l'on souffre ou non de ce syndrome. Ce sont des symptômes non spécifiques, autodéclarés, concernant davantage les femmes que les hommes, et proches parents de ceux que l'on retrouve dans le SICEM et la fibromyalgie. Pour ces raisons, de nombreux médecins laissent les malades démunis, estimant que leurs symptômes sont simplement les conséquences de troubles psychosomatiques, comme ils le font pour les deux autres. Sa symptomatologie ressemble aussi étrangement à celle de la forme chronique de la maladie de Lyme qui, je le rappelle, n'est pas reconnue par la médecine officielle ! Il faut savoir aussi que presque tous les fibromyalgiques se plaignent de fatigue chronique… et vice versa.

Le fait que les causes de la fatigue chronique soient inconnues, que ce syndrome touche le même genre de personnes, avec des symptômes assez voisins, pourrait laisser penser qu'il s'agit d'une maladie environnementale. Pour moi – mais je ne suis pas le seul –, il y a une évidence : son origine est pour le moins proche de celle de la chimicosensibilité et de l'électrosensibilité.

Les symptômes qui sont rapportés par les associations de fatigués chroniques sont plus ou moins les mêmes que ceux déjà exprimés dans ce livre pour le SICEM, la MCS ou la fibromyalgie :

- une fatigue permanente, un sommeil non réparateur, c'est-à-dire que les malades se lèvent parfois épuisés malgré un nombre d'heures de sommeil tout à fait suffisant ;

- des malaises post-efforts, des douleurs musculaires, des douleurs articulaires, des troubles cognitifs importants, des pertes de mémoire, des troubles de la concentration.

Les associations parlent de 100 000 à 200 000 malades en France. Comme c'est une maladie sans causes connues, et considérée comme psychophysiologique, il est très difficile d'établir la prévalence de cette maladie. En revanche, elle est mieux reconnue aux États-Unis, où on estime le nombre de personnes à plusieurs millions.

Que dit la médecine officielle sur ce syndrome ?

Comme pour l'ensemble des syndromes cités dans ce livre, il n'y a pas de marqueurs biologiques, la maladie est pour l'instant considérée comme neurologique alors que certaines recherches soutiennent la piste immunologique. Mais beaucoup de médecins considèrent que ces troubles relèvent de la psychiatrie.

Le professeur Jammes, à Marseille, a publié des travaux intéressants qui montrent des anomalies caractéristiques lors de l'effort musculaire, qui sont des anomalies du potentiel d'action musculaire, marquées par l'épuisement et le manque de récupération musculaire. Tous les patients m'ayant consulté pour cette problématique de santé présentaient effectivement des tensions sur le système tonique réflexe. Ce constat me confirme dans l'idée que cette maladie est due, pour le moins, à une forme particulière d'intolérance, chimique mais aussi électromagnétique. Tous les fatigués chroniques venus à ma consultation avaient des intolérances à des matériaux, notamment à des résines ou des matériaux en bouche, à la teinture de leurs cheveux, ou même à des prothèses mammaires.

Un diagnostic différentiel

Nous avons mille raisons d'être fatigués. Il faut donc là aussi essayer toujours de comprendre pourquoi, et penser à toutes les causes qui peuvent entraîner de tels problèmes de santé. Il faut notamment écarter un problème d'hypothyroïdie ou des troubles du sommeil pouvant provenir par exemple d'apnées nocturnes. On doit également prendre en considération le fait qu'un patient prenne un médicament qu'il ne supporte pas, même quand il s'agit de certains produits de confort, comme des oligo-éléments ou des vitamines. J'ai notamment en mémoire un de mes patients qui prenait tous les jours du magnésium, depuis plusieurs années. C'est quand il a arrêté d'en prendre sur mes conseils qu'il a retrouvé sa forme !

Bien sûr, dans le SFC, on pensera toujours à la maladie de Lyme. Ce n'est pas parce que des analyses se sont révélées négatives qu'une personne n'est pas concernée par celle-ci. De plus, la forme chronique n'étant pas reconnue, des diagnostics de fatigue chronique peuvent être portés sur des patients qui sont en réalité atteints par la borréliose (autre nom de la maladie de Lyme). Il faut aussi éliminer ce qu'on appelle des infections froides, comme la brucellose et toutes celles à *Chlamydia*, *Anaplasma*, *Francisella*, *Babesia*, *Pneumoniae*, *Rickettsia*, *Bartonella*, etc. Il n'y a pas de fatalité dans cette maladie, contrairement à ce que disent certains médecins : il faut essayer de la comprendre, sans aucun *a priori*, et d'en trouver les causes. Elles sont souvent là où on ne pensait pas ! C'est aussi un des points communs avec les autres troubles de santé évoqués dans ce livre.

Chapitre XII

SICEM et Lyme

« Si la science évolue, c'est souvent parce qu'un aspect encore inconnu des choses se dévoile soudain. »
François Jacob

On ne peut pas écrire sur le SICEM sans parler de la maladie de Lyme. Mon activité professionnelle m'a permis de vérifier ce que d'autres avaient compris avant moi, c'est-à-dire qu'il existe un lien entre ces deux problématiques de santé. La maladie de Lyme fait partie de mon diagnostic différentiel, c'est-à-dire que j'essaye toujours de faire la part des choses entre ce qui appartient au SICEM et ce qui appartient à Lyme. Les symptomatologies sont voisines, ce qui ne veut pas dire identiques. J'ai fait des formations pour mieux comprendre cette pathologie. Mon étude a conforté ma conviction qu'il était important de rendre à chacune de ces problématiques de santé ce qui leur appartient. La difficulté de ce diagnostic est qu'il existe des malades de Lyme qui sont électrohypersensibles et des hyperélectrosensibles qui ont la maladie de Lyme. Dans le procès qui a opposé des HES au groupe ERDF-Enedis au tribunal de Toulouse, l'un des plaignants était atteint d'une maladie de Lyme chronique. Je cite les conclusions du juge : « Son état s'est aggravé depuis la mise en place d'un compteur Linky [47]. »

Pour finir, on se retrouve souvent avec une soupe de symptômes qui appartiennent à l'une et/ou à l'autre, qui interfèrent les uns avec les autres, ce qui fait qu'il n'est pas toujours facile d'y voir clair.

47. Benoît Deltombe, « Linky, un compteur survolté », site juritravail.com, mai 2019.

Un diagnostic différentiel difficile

L'efficacité des deux tests de dépistage officiels (Elisa et Western Blot) est très contestée, d'autant plus qu'il existe des personnes qui peuvent être des porteurs sains de la *Borrelia* ou qui, pour le moins, présentent des troubles de santé que l'on peut qualifier de légers. D'autres, au contraire, se retrouvent dans des situations qui sont parfois dramatiques. Le système immunitaire de chacun y joue un grand rôle. Pour ceux qui sont malades, la symptomatologie est extrêmement variable, non seulement selon les sujets, mais aussi selon l'espèce microbienne dont ils sont victimes. Avec près de soixante-dix symptômes possibles, en outre peu spécifiques, le diagnostic est difficile à poser. De plus, il existe une trentaine de sous-espèces de *Borrelia* et les conséquences sanitaires dépendent de l'effet sur la santé de chacune d'entre elles. Certaines sont même inoffensives. Parmi celles qui sont agressives, nous avons la *Borrelia burgdorferi*, la plus commune entraînant notamment des manifestations articulaires, la *Borrelia afzelii*, responsable de manifestations cutanées, et la *Borrelia garinii*, qui est responsable de la forme neurologique de la maladie de Lyme. Mais ce n'est pas aussi strict : en réalité, la symptomatologie est beaucoup plus complexe et diverse qu'il n'y paraît. Pour compliquer les choses, ces bactéries sont souvent accompagnées par d'autres ou par des parasites également transmis par la piqûre de la tique, comme la *Babesia* (*Babesia divergens, Babesia microti*), un protozoaire intraérythrocytaire. Ces *Babesia* transmises par la piqûre de tique viennent aussi compliquer le tableau clinique.

Une forme aiguë

Cette maladie est reconnue dans les jours ou mois qui suivent la piqûre de la tique, mais la forme chronique n'est pas reconnue par la médecine officielle. Le tableau clinique suivant la morsure de la tique est très caractéristique et permet en général d'en venir à bout avec un bon traitement antibiotique quand les choses sont faites à temps. Le plus important, après une piqûre de tique, est de rapidement surveiller son corps et d'observer, durant plusieurs semaines, si apparaissent des symptômes inhabituels tels que fièvre, céphalées, problèmes à l'endormissement ou troubles de sommeil, « symptôme grippal » avec ou sans cause connue, mais également des douleurs musculaires et articulaires, ainsi qu'un épuisement prononcé, une fatigue diurne ressemblant à une « chape de plomb », des sueurs nocturnes. Si un symptôme grippal estival apparaît pour la première fois après une piqûre de tique, il est à valoriser au même titre qu'un érythème migrant et à reconnaître comme symptôme d'une infection au stade précoce. En plus de l'érythème migrant qui s'étend (éventuellement) lentement, les symptômes comprennent également des gonflements douloureux des ganglions proches de la piqûre (le plus souvent dans le cou, les aisselles et l'aine), des douleurs fulgurantes dans les extrémités concernées et/ou des démangeaisons, des sensations d'insensibilité et de brûlures cutanées dans l'environnement de la piqûre. Il faut alors s'empresser de consulter son médecin pour qu'il prescrive des antibiotiques. Si c'est fait de façon précoce, il n'y aura aucune conséquence définitive sur la santé.

La forme chronique

Cette forme chronique suscite des débats d'experts très virulents, parfois violents, entre ceux qui y croient et ceux qui n'y croient pas. Vous connaissez tous le célèbre professeur Didier Raoult. Il fait partie de ces derniers, et s'est exprimé ainsi en parlant des victimes de cette forme chronique : « Les malades errent comme des zombies, à la recherche de médecins qui finissent par se laisser convaincre qu'ils ont une maladie de Lyme. Ce qui est réel, c'est l'épidémie d'informations non vérifiées qui s'oppose à la médecine basée sur des données vérifiables y compris sur Internet. Certains laboratoires facturent des examens fantasques, confirmant des doutes déraisonnables. La France n'échappe pas à ce phénomène, alors que dans de nombreux pays, les professeurs de médecine spécialistes en maladies infectieuses ne cautionnent pas ces dérives. Notre spécificité est que nous avons au Conseil national des universités et au Haut Comité de santé publique, un confrère qui a pris une position de leader du Lyme, sans bagage scientifique spécifique dans ce domaine, autre que ses croyances et le support de ses disciples. Il n'a pas de production scientifique lisible. Il a embrasé les théories alternatives et a même convaincu un grand hebdomadaire qu'il existait un complot tendant à dissimuler (pour quelle raison ?) l'ampleur du désastre. Heureusement, la société française de pathologie infectieuse vient de se démarquer de ce faux scandale[48]. »

Pour les tenants de l'existence de la forme chronique de cette maladie, la bactérie *Borrelia* peut s'infiltrer dans tous les organes, tous les tissus du corps. Mais on peut ne pas s'en apercevoir au début. Elle attaquerait alors tous les systèmes, dont le système nerveux et le cerveau, menant, au stade chronique, à des lésions graves et très variées qui provoquent des douleurs insupportables, des paralysies, des fatigues chroniques accablantes, des troubles neurologiques et psychiatriques...

C'est pourquoi la maladie de Lyme, non diagnostiquée, est facilement confondue avec toutes sortes d'autres maladies, dont les maladies mentales. Il arrive souvent aussi que de nombreuses personnes atteintes, après une piqûre de tique, soient trop peu, ou mal, ou pas du tout traitées. Certains médecins ont mal compris qu'une infection peut alors persister pendant des années, parfois malgré une antibiothérapie, si celle-ci a été insuffisante ou mal ciblée.

On entre alors dans ce que l'on appelle la forme chronique de la maladie de Lyme, non encore reconnue par la médecine officielle, malgré l'accumulation des preuves de son existence. Certains médecins infectiologues et membres de l'Académie de médecine s'opposent à une reconnaissance officielle de la « maladie de Lyme chronique ». Pour eux, cette forme chronique ne peut pas exister. Ils refusent avec fermeté l'existence d'une telle pathologie. Comme pour le SICEM, ils brandissent le « psychosomatique » comme une des raisons probables des souffrances de ceux qui sont concernés. Par contre, la Haute Autorité de santé, sans la reconnaître en tant que telle, voudrait la considérer comme une maladie possible, même si elle pense que 80 % des cas s'expliqueraient sans doute par une autre étiologie.

48. Didier Raoult, « Raoult – Les zombies de la maladie de Lyme », *Le Point*, novembre 2016.

C'est là encore un des points communs avec la maladie des ondes. La reconnaissance d'une infection borrélienne dans sa forme chronique, même en tenant compte de toutes les données de l'anamnèse et malgré un examen médical approfondi, n'est nullement simple et tous les registres de diagnostics disponibles doivent être utilisés. C'est ainsi qu'on se retrouve avec des patients présentant un tableau syndromique complexe, non spécifique, autoproclamé, qui est très proche du sujet de ce livre et qui ont reçu pour seul diagnostic de la part de leur médecin celui d'un trouble d'origine psychique. Ils sont alors dirigés vers une seule et unique direction, la psychothérapie et la psychiatrie, et reçoivent pour tout traitement des anxiolytiques ou des antidépresseurs. Ce sont ceux-là que je vois arriver régulièrement à ma consultation. On estime que ce sont plusieurs millions de personnes en France qui sont concernées par cette problématique. Cela représente un fléau de santé publique. Je demande toujours à mes patients s'ils ont le souvenir d'avoir été piqués par une tique, même dix ou vingt ans auparavant. Je leur demande également s'ils ont le souvenir d'avoir eu un érythème, une rougeur, localisée mais changeante, quelque part sur le corps. En ce qui concerne leurs symptômes, ce qui m'intéresse le plus est de savoir s'ils les ressentent sous forme de poussées, c'est-à-dire s'ils arrivent et disparaissent, sans aucune thérapie, pour revenir plus tard. Nous évoquons souvent fatigue, douleurs dans les articulations, dans les muscles, maux de tête violents, douleurs aux tendons et ligaments, un tennis-elbow, un syndrome du canal carpien, un « doigt à ressort » (*digitus saltans*), des douleurs comme des brûlures sur la peau et/ou une sensation d'engourdissements, des sensations de démangeaisons cutanées ou de fourmillements sur la peau, des décharges « électriques », des fasciculations des paupières ou à d'autres endroits corporels (de préférence sur les bras et les jambes), des palpitations, une baisse de mémoire, des troubles de la concentration...

Cette liste n'est pas exhaustive (ce livre n'est pas sur la maladie de Lyme), elle n'a pour but que de mettre en évidence les points communs entre ces deux problématiques de santé, et notamment la similitude avec les symptômes que l'on retrouve dans la maladie des ondes. Pour ces raisons, les électrosensibles devraient, s'ils ont le souvenir d'une piqûre de tique ou d'un érythème, consulter un médecin pour faire un diagnostic différentiel. Mais pour un médecin, comment faire un diagnostic différentiel quand on n'a pas compris l'existence du SICEM ?

Le signal électromagnétique des bactéries

Dans *Les Maladies des ondes*, j'avais consacré un chapitre au « signal électromagnétique du professeur Luc Montagnier ». J'expliquais comment ce Prix Nobel avait fait la démonstration qu'une bactérie était émettrice d'un signal électromagnétique qui lui était propre. On pourrait ainsi déterminer par des analyses spectrographiques la présence de certaines espèces bactériennes dans notre sang, seulement en reconnaissant leur émission vibratoire. Bien sûr, l'Académie de médecine a poussé des cris d'orfraie ! Luc Montagnier a été traité de gâteux et de psychopathe par ceux-ci. Pourtant, mon expérience confirme complètement les convictions du Prix Nobel.

Le hasard fit qu'à cette époque, je rencontrai une jeune femme thérapeute, spécialisée dans une méthode qui s'appelle la méthode NAET. Celle-ci permet de lutter contre les intolérances alimentaires, mais aussi contre certaines allergies. Le praticien vérifie la réaction allergique en utilisant le test de résistance musculaire de kinésiologie. Pendant que la personne tient dans sa main un extrait de la substance potentiellement allergène, le thérapeute met en tension les muscles du bras afin d'observer la présence de blocages musculaires. Une fois la source allergique confirmée, le traitement de désensibilisation passe par une stimulation des points d'acupuncture sur le méridien de la vessie. Placé le long de la colonne vertébrale, il est en contact avec les nerfs rachidiens du système nerveux et permettrait de communiquer directement avec le système immunitaire. Un grand nombre de personnes ont été considérablement aidées par ce genre d'approche. C'est un fait.

Grâce à cette rencontre, j'ai pu me procurer l'information, le signal électromagnétique, de chacune des trois bactéries les plus représentatives de la maladie de Lyme. Je l'ai fait sans y croire, étant un esprit extrêmement ancré, pas du tout « haut perché » : je n'ai jamais pensé que cela pourrait amener quelque chose. Mais je ne ferme jamais la porte, tant que je n'ai pas vérifié par moi-même. Quand j'ai commencé à tester mes patients avec ces petits tubes remplis d'un alcool contenant l'information (une dilution homéopathique) de ces bactéries, cela créait des tensions sur le système tonique de certains patients, parfois de façon spectaculaire. Ce qui m'a interpellé dès le départ, c'est que les tubes contenant tous le même produit, un seul sur les trois entraînait des contractures. C'était donc bien l'information, le signal, qu'il contenait qui faisait la différence. Je constatai ce phénomène un grand nombre de fois.

Je me souviendrai toujours de ce jour où, organisant une formation pour des confrères, je vis arriver un couple en provenance de Bordeaux, très bien mis, avec un accent légèrement étranger, et dont la femme portait une canne et marchait avec difficulté. C'est elle qui voulait me voir. Je testai tout ce qu'elle avait dans la bouche, ses lunettes, ses cicatrices, tout ce que je fais d'habitude, et je ne trouvai rien. Pourtant, elle présentait les mêmes symptômes qui font que des patients traversent la France pour venir me consulter. En désespoir de cause, je lui mis dans la main ces tubes contenant l'information des *Borrelia* et, à ma grande surprise, elle était fortement positive à l'un d'entre eux. Je me retournai alors vers son mari, lui disant qu'elle avait peut-être la maladie de Lyme. Ils se regardèrent tous les deux avec étonnement, puis le mari se retournant vers moi, me dit « chapeau » avec un petit accent *british*. Il continua, me disant que sa femme avait la borréliose. Elle avait pu se déplacer parce qu'elle était sous antibiotiques depuis un mois. Il s'exprimait avec des termes médicaux et techniques assez élaborés et je lui demandai alors ce qu'il faisait dans la vie. Avec un sourire, il me répondit qu'il était médecin à l'OMS, et qu'ils avaient profité, rentrant sur Genève, de s'arrêter à Toulouse pour que sa femme puisse me rencontrer.

Depuis cette époque, j'ai pu vérifier maintes fois l'efficacité de cette approche pour faire un diagnostic de Lyme. Aujourd'hui, je teste la presque totalité de mes patients. Quand ils sont positifs, je ne leur dis jamais qu'ils ont la maladie de Lyme, mais qu'il y a un soupçon de Lyme. Je leur conseille alors d'aller voir un médecin spécialisé pour qu'il contrôle et confirme avec des analyses spécialisées, parfois complexes, le bien-fondé de cette piste.

Il faut rendre à César ce qui est à César

Je finirai ce chapitre en disant qu'il est regrettable que les médecins qui se sont spécialisés dans la maladie de Lyme n'aient pas compris la problématique de l'hyperélectrosensibilité. Ils mettent sur le dos de la maladie de Lyme des symptômes qui parfois ne lui appartiennent pas. J'ai toujours été impressionné de voir la formidable amélioration de santé chez des patients atteints par cette maladie quand on les déparasite en bouche, en enlevant des reconstitutions dentaires électromagnétiquement incompatibles, ou quand on leur règle un problème occlusal dentaire.

Nombreux symptômes attribués à la maladie de Lyme peuvent en réalité appartenir à celle de la maladie des ondes. Traiter cette dernière de la façon dont je le propose peut permettre aux victimes des bactéries *Borrelia* d'améliorer, parfois de façon considérable, leur confort de vie. Le contraire étant également vrai : des victimes des ondes sont parfois en réalité aussi des victimes de Lyme. Tout hyperélectrosensible devrait penser à la maladie de Lyme comme cofacteur possible de sa problématique de santé.

Chapitre XIII

Science et ignorance

« La vérité scientifique sera toujours plus belle que les créations de notre imagination et que les illusions de notre ignorance. »
Claude Bernard

En février 2016, j'ai été invité, en tant qu'auteur du livre *Les Maladies des ondes* et intervenant dans le film documentaire long métrage *Les Sacrifiés des ondes*[49], à participer à un colloque à l'Assemblée nationale. Il était organisé notamment par la députée écologique Michelle Rivasi, et par le professeur Dominique Belpomme.

Il y avait un grand nombre de personnes parmi lesquelles beaucoup de médecins et de thérapeutes de toute nature. À la suite de cette réunion, quelques semaines plus tard, il fut lancé un appel de médecins et de professionnels de santé, pour alerter le public sur le syndrome d'intolérance aux champs électromagnétiques.

« Nous, médecins, scientifiques et professionnels de santé, considérant l'appel de Fribourg lancé en 2002 par des médecins, nous constatons ces dernières années au cours de nos consultations, une augmentation dramatique de maladies graves et chroniques chez nos patients[50]. »

On observait les symptômes généralement constatés à l'utilisation du téléphone portable :
« – douleur et/ou une chaleur dans l'oreille ;

49. Jean-Yves Bilien, *Les Sacrifiés des ondes*, Albalena Films, 2012.
50. Michèle Rivasi, « Appel de médecins et professionnels de santé, "Pour mieux comprendre et reconnaître l'électrohypersensibilité" », février 2016.

- troubles de la sensibilité superficielle à type de dysesthésies (fourmillements, picotements, brûlures, voire prurit) au niveau du visage, du cuir chevelu ou du bras.

Puis peu à peu, et de façon permanente :
- maux de tête, associés de façon caractéristique à une raideur et douleur de la nuque ;
- acouphènes, hyperacousie ;
- troubles visuels à type de vision floue ;
- anomalies de la sensibilité profonde (faux vertiges), malaises ;
- lésions cutanées avec sensation de brûlures (causalgies) et/ou un prurit ;
- troubles musculaires (myalgies, spasmes, fasciculations) et/ou articulaires (arthralgies, raideurs) ;
- troubles cognitifs.

En deuxième phase :
- apparition de troubles cognitifs sévères (déficit de l'attention et de la concentration, perte de la mémoire immédiate) ;
- symptômes végétatifs sympathicomimétiques (oppression thoracique, tachycardie) ;
- troubles digestifs ou urinaires ;
- insomnie, fatigue chronique et éventuellement tendance dépressive.

Et enfin, en l'absence de traitement et de mesure de protection, l'évolution est marquée par la constitution progressive de lésions anatomopathologiques, totalement irréversibles : syndrome confusionnel, absences, désorientation temporo-spatiale ou état de démence s'apparentant à une maladie d'Alzheimer, y compris chez les sujets jeunes[51]. »

Tous ces symptômes me sont familiers. Ils font partie de mon quotidien professionnel. Je reçois depuis de nombreuses années des patients présentant des problèmes de santé de cette nature. Cela, à titre exclusif. C'est aujourd'hui ma seule et unique spécialité. Ce type

51. *Ibid.*

de symptômes n'a pas pour origine, n'en déplaise à mes confrères, le seul environnement électromagnétique. Celui-ci n'en est qu'un cofacteur. En supprimant les autres agents responsables, on assiste la plupart du temps à leur disparition, pour le moins à une spectaculaire amélioration du confort de vie des personnes concernées. On pourrait dire que les ondes sont responsables mais pas coupables.

Un peu de fondamental

L'ensemble de ces symptômes sont des troubles somesthésiques, c'est-à-dire des perturbations du système proprioceptif d'un organisme. Ils proviennent de *stimuli* détectés par les récepteurs somesthésiques qui sont ensuite transmis par les nerfs dans la moelle épinière, le tronc cérébral et le cerveau. Les nerfs somesthésiques sont regroupés en faisceaux, en fonction de leur rôle et de leur origine : faisceau spinovestibulaire, faisceau spinothalamique...
Ces récepteurs sont de deux types :

- les exo-capteurs ou capteurs sensoriels d'informations en provenance de l'extérieur du corps, qui vont délivrer au système nerveux central des messages qui permettent de nous situer par rapport à notre environnement (œil, pied, audition) ;

- les propriocepteurs ou capteurs sensoriels d'informations en provenance de l'intérieur du corps qui vont délivrer au système nerveux central des messages qui nous permettent de connaître les positions relatives des différents segments du corps les uns par rapport aux autres (dents, langue, articulations).

À noter que le système somesthésique est le seul système sensoriel ayant des projections, souvent directes, sur l'ensemble du système nerveux central, c'est-à-dire la moelle épinière, la substance réticulée, mésencéphalique et diencéphalique, le thalamus, l'hypothalamus, le système limbique, le cervelet et le cortex cérébral qui reçoivent des afférences somesthésiques. La détection de l'information se fait grâce à des récepteurs constitués de neurones sensitifs périphériques dont

le corps cellulaire est situé dans les ganglions spinaux (ou le « ganglion de Gasser » pour la sensibilité du visage).
Ces nombreuses projections expliquent les effets physiologiques et comportementaux majeurs et douloureux produits par les stimulations somesthésiques.

Ces troubles somesthésiques entraînent différentes sensations (pression, chaleur, douleur, etc.) qui proviennent de plusieurs régions du corps (peau, tendons, articulations, viscères, etc.) mais ils provoquent aussi des troubles psychologiques majeurs. Ces sensations sont élaborées à partir des informations fournies par de nombreux récepteurs sensitifs du système somatosensoriel, situés dans les tissus de l'organisme, mécanorécepteurs du derme et des viscères, fuseaux neuromusculaires des muscles, fuseaux neurotendineux des tendons.

« Le problème de la conduction des influx sensitifs a été particulièrement difficile à élucider, pour plusieurs raisons : si les influx d'origine profonde ou superficielle (proprioceptifs ou extéroceptifs) sont conduits en bloc à la moelle par les nerfs rachidiens, il n'en est plus de même dans la moelle : les différents influx y sont véhiculés par des faisceaux différents selon la qualité de sensation. La transmission des influx proprioceptifs est à l'origine de sensations conscientes et d'une régulation motrice inconsciente[52]. »

Les faisceaux cérébelleux directs et croisés transportent les influx issus des fuseaux neuromusculaires et des organes neurotendineux de Golgi qui ne donnent pas lieu à des sensations conscientes. Les deux faisceaux se projettent au niveau du cervelet et permettent à cet organe d'exercer dans les réactions motrices un rôle de régulation du tonus musculaire, de coordination des mouvements automatiques et d'équilibration.
La proprioception est, en substance, un mécanisme de rétroaction : le corps se déplace (ou est déplacé), puis les informations à ce sujet sont envoyées au cerveau, à la suite de quoi des ajustements peuvent être apportés par l'intermédiaire des muscles effecteurs.

52. Seymour Brussel, L'attention guérit – Le pouvoir thérapeutique de l'instant présent, éd. Dervy, 2014.

Un parasitage électromagnétique

Au départ, on a des champs électromagnétiques qui vont envahir et informer les centres supérieurs cérébraux de lecture ou/et de transmission des informations proprioceptives et extéroceptives. Il y aura alors un parasitage qui fera que ces messages seront mal transmis, mal reçus, déformés, incohérents ou mal interprétés, et on aura alors une réponse, notamment musculaire, incohérente, anarchique, inadaptée. Le sujet s'enfoncera dans des pathologies dues à des tensions toniques et à l'effet domino qui s'ensuit. Mais il est impératif de comprendre que ces tensions ne sont que la partie visible de l'iceberg. **C'est aussi l'ensemble du système nerveux autonome qui est concerné, avec toutes les conséquences que cela engendre.**

Un cercle vicieux

Ce parasitage électromagnétique à son tour provoquera d'autres désordres de toute nature entraînant le patient dans un cercle vicieux. Mais c'est aussi parallèlement l'ensemble de l'équilibre homéostasique humain qui sera perturbé. Des perturbations physiques et mentales vont alors se cumuler. On peut ainsi comprendre que ce problème de champs électromagnétiques est l'étincelle d'un autoallumage aux conséquences difficilement maîtrisables.

J'ai expliqué que les champs électromagnétiques artificiels environnementaux peuvent parasiter les centres supérieurs cérébraux de lecture ou de transmission des informations qui ne vont plus être capables d'accomplir leur tâche correctement.
C'est le cas dans tous les domaines, psychiques et physiques. Ce qu'il faut comprendre, c'est que l'on passe vite d'un équilibre – qui est par nature instable – à un déséquilibre. Le fonctionnement de l'être humain permet, grâce à une certaine souplesse et plasticité, de cheminer entre des limites où toutes les possibilités d'adaptation et de compensation sont possibles. Mais quand ces limites sont franchies, nous pouvons nous enfoncer dans ce que l'on appelle un état pathologique, dont il est difficile de prévoir jusqu'où il ira.

Le système neurovégétatif impliqué

L'organisme humain est fait pour s'adapter à de multiples contraintes. La nature est bien faite. Il existe des capacités d'adaptation et de compensation à de nombreuses agressions, qu'elles soient microbiennes, virales, alimentaires, émotionnelles ou autre. Des équilibres statiques mais aussi dynamiques, nécessitant de complexes boucles de rétroactions réflexes, faisant notamment appel aux systèmes musculo-squelettiques et au système nerveux moteur mais aussi neurosensoriel, seront utilisés pour compenser cette situation. Dans le cas des ondes électromagnétiques et de leurs conséquences, des processus de réparation des référentiels mis en cause seront tentés grâce à la vicariance (adaptabilité) du système, en demandant au cerveau du sujet de mettre en place de nouvelles stratégies. Mais la plupart du temps, elles ne permettront pas une amélioration durable de la pathologie.

On comprend ainsi que pour un sujet électrosensible, la seule solution consiste à agir sur ces différents facteurs de perturbation quels qu'ils soient. L'environnement électromagnétique étant difficilement modifiable, c'est sur les autres éléments responsables que l'on aura plus de facilité à agir.

Le système neurovégétatif humain, appelé également système « autonome », « viscéral » ou « involontaire », est ainsi directement concerné par ces signaux électromagnétiques environnementaux, comme par tous les types de stress. C'est lui qui régit l'innervation des muscles du tonus, c'est-à-dire ceux qui ne sont pas sous le contrôle de la volonté. C'est pour cette raison qu'on les appelle muscles toniques réflexes. Mais ce système nerveux autonome assure également l'innervation et le fonctionnement des vaisseaux, des viscères et des glandes. Il se définit par son rôle et par son organisation anatomophysiologique. Ses prolongements périphériques sont distribués à tous les organes et tissus situés à l'intérieur du corps. C'est également lui qui innerve le cœur, le tube digestif, les muscles réflexes. Il joue un rôle de régulation et de coordination des fonctions dites végétatives, et intervient dans la plupart des activités métaboliques. Le résultat ultime de toute l'activité du système nerveux végétatif est « le maintien de la constance du milieu intérieur », ou encore de « l'homéostasie de l'organisme », laquelle est perturbée par certaines agressions toxiques, dont les CEM font partie.

L'homéostasie est la faculté que possèdent tous les êtres vivants de maintenir et de rétablir les paramètres physiologiques qui permettent à l'organisme de fonctionner convenablement. Elle agit notamment sur la concentration du sang, de la lymphe, la pression artérielle, la température, la circulation, la respiration, la sécrétion, l'ouverture ou la fermeture des pupilles, le rythme cardiaque, l'équilibre postural, etc. Elle commande les phénomènes végétatifs qui accompagnent tout comportement, qu'il s'agisse des adaptations végétatives (cardio-vasculaires, respiratoires, etc.) qui sont nécessaires à toute dépense motrice, ou des signes visibles (vasodilatation cutanée, sudation, etc.) des comportements dits « affectifs ».

L'effet délétère des CEM est un magnifique exemple d'effet domino

Un posturologue est un chasseur de tensions. Il doit savoir les reconnaître, les mettre en évidence, expliquer et comprendre leur origine. La pratique de la posturologie nous donne les moyens de le faire. Le spécialiste a plusieurs tests à sa disposition pour les mettre en évidence. En tant que spécialiste, je peux affirmer que toute personne placée à proximité d'un champ électromagnétique artificiel voit apparaître des tensions musculaires sur le système tonique réflexe, celles-ci étant situées davantage sur l'hémicorps gauche que sur l'hémicorps droit. Plus ce champ est important, plus les tensions sont fortes. C'est un fait, c'est une règle. Toutes les personnes ayant assisté à mes consultations ou à mes formations – médecins, dentistes et autres thérapeutes – ont pu le constater.
À partir de là, on va assister à une cascade d'effets, par exemple une légère rotation du bassin entraînant elle-même des tensions, qui à

leur tour en entraîneront d'autres sur les muscles de la mandibule, qui à leur tour en entraîneront sur les muscles oculomoteurs, eux-mêmes participant à cet effet en boucle. Cet effet domino s'autoentretient, se met en « autoallumage », déréglant l'ensemble de l'homéostasie de la personne concernée.

Les ondes ne sont qu'un élément du puzzle de la maladie des ondes

Ce sont mes patients qui m'ont appris au fil du temps tout ce que j'exprime dans ces pages. Je ne répéterai jamais assez que les ondes sont rarement, aussi curieux que cela puisse paraître, responsables de ce que l'on appelle le SICEM. Elles n'en sont qu'un des cofacteurs et un déclencheur. Mais ne caricaturons pas ma pensée, car je parle du syndrome d'intolérance électromagnétique. Cette affirmation ne remet pas en question la dangerosité et toxicité des ondes électromagnétiques sur notre devenir dans le temps, notamment sur celui de nos enfants, mais aussi sur celui de la faune.

C'est d'ailleurs ce qui explique que le monde des scientifiques n'ait jamais pu faire la relation directe entre un environnement électromagnétiquement chargé et l'apparition de symptômes. L'ANSES écrit : « Aucune preuve expérimentale solide ne permet actuellement d'établir un lien de causalité entre l'exposition aux champs électromagnétiques et les symptômes décrits[53]. » Autrement dit, en l'état actuel de la science, **l'origine de ces troubles demeure inconnue**. En effet, des études dites « de provocation », dans lesquelles des sujets sont soumis à des champs électromagnétiques, n'ont pas fait apparaître « de symptômes ou d'anomalies biologiques ou physiologiques spécifiques à l'EHS ».

53. ANSES, « Hypersensibilité aux ondes électromagnétiques », art. cit.

La partie visible de l'iceberg

J'ai toujours été très surpris des retours que me font certains patients EHS quand j'enlevais quelques facteurs de risques, comme des reconstitutions dentaires, une alliance, ou simplement après avoir changé de lunettes, par exemple. Leur amélioration de santé ne correspondait pas seulement à ce que le posturologue attendait, c'est-à-dire à une détente musculaire tonique libérant les cervicales et les vertèbres lombaires. C'est l'ensemble du tableau clinique de leur hyperélectrosensibilité qui s'améliorait de façon très sensible : fatigue chronique, troubles intestinaux, les acouphènes, fourmillements, migraines invalidantes, vertiges, palpitations cardiaques angoissantes, sensation d'oppression permanente et autres nausées.

Une camisole de contractures musculaires

Les milliers de personnes hyperélectrosensibles que j'ai reçues ces dernières années présentaient toutes des tensions de ce type. Elles sont généralement mises en évidence de façon spectaculaire par les tests d'amplitude des mouvements articulaires, tels que je les ai décrits dans mes précédents livres.

À partir de ce constat, le syndrome d'intolérance électromagnétique est aussi et surtout un syndrome de déficit postural tel qu'il est décrit dans cette jeune science qu'on appelle la posturologie.

Les CEM ne sont qu'une entrée de déficit postural de plus, un facteur de risque, parmi d'autres. On peut difficilement modifier son environnement électromagnétique, nos sociétés reposant sur un socle technologique émetteur d'ondes électromagnétiques. Cependant, en supprimant l'effet délétère des autres facteurs de risque, on peut améliorer considérablement le confort de vie des EHS.

Cela explique pourquoi les autorités médicales, tout en reconnaissant la réalité du handicap des hyperélectrosensibles, prétendent que les ondes électromagnétiques n'y sont pour rien. En réalité, elles participent, mais avec d'autres. La connaissance de tout ce qui précède apporte un éclairage nouveau sur le syndrome d'intolérance aux champs électromagnétiques.

« Bonjour Docteur, je suis hyperélectrosensible »

C'est ainsi que se présentent mes patients à ma consultation. La plupart viennent de très loin, ont traversé toute la France, voire des frontières, pour trouver une solution à leurs problèmes de santé. Ils ont souvent fait ce qu'on appelle de l'errance médicale, passant d'un thérapeute à un autre, d'une clinique à un hôpital, et me disent parfois que je suis leur dernière chance. Peu de médecins les ont écoutés, tous leur ont dit que leur problème venait de leur tête. Beaucoup ont reçu des prescriptions d'anxiolytiques, voire d'antidépresseurs. On ne fait pas tout ce chemin quand on a de petits bobos.

Je passe beaucoup de temps à les interroger et essayer de comprendre, comme dans une enquête policière, quand le délit a été commis. Celui-ci étant bien sûr l'apparition de leur symptomatologie. Pour la plupart d'entre eux, il est intéressant de noter qu'ils ont déjà une réponse. En général, quand on va voir un médecin, c'est pour savoir d'une part l'origine de sa maladie, son nom, et bien sûr pour savoir comment faire pour aller mieux. Mes patients, la plupart du temps, connaissent l'origine des problèmes de santé qui sont les leurs. Ils ne me demandent pas ce que j'en pense, leur diagnostic est déjà fait, ils sont EHS, ils l'ont décidé ainsi.

D'ailleurs beaucoup d'entre eux arrivent avec des protections de toute nature. Des gilets anti-ondes, des bonnets anti-ondes, des bracelets anti-ondes, ou autres pierres type shungite, des fioles d'huile essentielle dans les poches, des colliers protecteurs, et tout un arsenal divers et varié pour les protéger des agressions électromagnétiques environnementales.

D'autres sont fibromyalgiques. Mais dans ce dernier cas, le diagnostic a été posé par des médecins. Curieusement, leur symptomatologie est globalement la même que celle des EHS.

Beaucoup d'entre eux arrivent à poser une date, pour le moins une période de leur vie, où ils ont commencé à ressentir les problèmes de santé, raison de leur consultation.

Très souvent, ils établissent spontanément une relation avec un événement de leur vie. Parfois, c'est la pose d'une antenne-relais en face de leur domicile, l'arrivée de voisins passant leur temps à téléphoner avec leur téléphone portable, un déménagement à proximité d'une ligne électrique, la pose d'un compteur communicant de type Linky, etc. Le problème peut survenir après un accouchement, après un vaccin, après une IRM de radiologue, après une séparation, et pour d'autres causes bien différentes les unes des autres et apparemment sans lien avec leur pathologie.

Qui cherche trouve

J'ai toujours pensé qu'un thérapeute ne devait avoir aucun *a priori*. Il faut que ses déductions thérapeutiques s'appuient et se valident par des faits, je dirais même par une concordance des faits. On peut changer une théorie, mais comme le disait Lénine, « les faits sont têtus ».

Après avoir écouté longuement mes patients, je continue mon enquête policière et je leur pose un grand nombre de questions, qui se résument ainsi : « Qui est venu sur les lieux du délit, quand ? Était-il seul ou avait-il un complice ? »

La question peut être par exemple : « Avez-vous vu un dentiste avant l'apparition des premiers symptômes ? » Ou bien : « Avez-vous changé de lunettes à ce moment-là ? Vous êtes-vous marié quelque temps auparavant ? Portez-vous un stérilet ? Avez-vous des cicatrices ? Avez-vous fait des teintures sur vos cheveux ? Que mangez-vous ? » etc.

Souvent, ces patients me demandent pourquoi je leur pose ce genre de questions, quelle relation il peut y avoir entre leurs problèmes de santé et leurs dents, leurs lunettes ou leurs cheveux, voire leur alimentation ! Et d'ailleurs, vous, lecteur, vous demandez sûrement la même chose !

Rester humble devant les faits, accepter ce qu'ils nous prouvent

Les hyperélectrosensibles voulant améliorer leur état de santé doivent comprendre que leur problématique ne vient pas seulement de leur environnement dans le sens où ils l'entendent. Il est en réalité une conséquence de ce que j'appelle leur « plus proche environnement » c'est-à-dire eux-mêmes, à partir de ce qu'ils ont en eux ou sur eux.

Comme le dit Descartes : « Pour atteindre la vérité, il faut une fois dans la vie se défaire de toutes les opinions que l'on a reçues, et reconstruire de nouveau tout le système de ses connaissances. »

C'est ça, être cartésien ; c'est ça, être scientifique.

Chapitre XIV

5G et Internet des objets connectés

« Un four cuit toujours trop ou pas assez,
un micro-ondes fait même les deux à la fois. »
Edward Aloysius Murphy Jr.

L'arrivée de cette nouvelle technologie appelée 5G est au centre de l'attention d'un grand nombre de personnes mais aussi d'un très grand nombre d'acteurs internationaux. En effet, les enjeux sociaux, économiques, écologiques, et financiers sont colossaux. Cette nouvelle technologie ne risque pas de bouleverser notre manière d'utiliser notre téléphone portable sauf à nous faire gagner quelques secondes lors de téléchargements lourds, par exemple, mais elle va changer en profondeur la façon dont nos industries vont se servir de l'Internet mobile. La 5G est la cinquième génération de téléphonie mobile et elle permettra une transmission des informations plus rapides, avec une technologie qui permet d'envoyer des faisceaux d'ondes. Ce système va accélérer ce que l'on appelle « l'Internet des objets », avec une meilleure transmission des données et une meilleure qualité de l'image. Nous verrons par exemple les premiers effets lors d'une retransmission sportive. On pourra par exemple zoomer pour voir comment le but a été marqué et s'il doit être validé. Mais le plus grand bénéfice sera comme toujours pour l'économie, en améliorant les processus de fabrication grâce à de toutes nouvelles formes de communication. Je pense par exemple à la télé-expertise, au téléshopping ou à la télémédecine. Un chirurgien, par exemple, pourra faire une opération à distance de l'autre côté de la planète, l'intervention robotique sera copie conforme à celui du geste pratiqué par ce praticien à 10 000 km de là. On comprend ainsi qu'on ne peut pas évoquer la 5G sans parler des objets connectés. Car s'il y a un danger pour la santé, à mon sens, il vient autant de l'un que de l'autre.

La grande inquiétude

La question de santé publique semble comme d'habitude trop prise à la légère et trop souvent éclipsée derrière les considérations du capital. Il faut quand même retenir qu'en 2017, plus de 200 scientifiques du monde entier ont demandé un moratoire sur la technologie 5G, estimant qu'elle pourrait causer des troubles de santé importants. Souvenons-nous que l'ANSES, dans un rapport publié en 2016, a estimé que « les ondes des portables, tablettes ou jouets connectés pouvaient avoir des effets sur les fonctions cognitives, mémoire, attention et coordination, des enfants[54] ». Elle a recommandé de limiter leur exposition. Or, en 2020, on compte déjà 50 milliards d'objets connectés sur notre planète, et nous ne sommes qu'au début !

On se heurte toujours, avec le monde de la recherche officielle, aux mêmes questions. Par exemple, pour le sujet des perturbateurs endocriniens, il est prouvé que ces pesticides à faibles doses ne tuent pas, mais qu'en est-il de la question de la dangerosité de l'effet cocktail et du temps d'imprégnation ? Les scientifiques sont incapables aujourd'hui de le déterminer précisément. Un peu, ça va, longtemps, bonjour les dégâts ! Si vous mettez la main à 3 cm d'une bougie allumée, vous vous brûlerez en quelques secondes. Si vous mettez la main à 10 cm d'une bougie allumée, vous vous brûlerez également, mais en quelques heures ! Imaginons que nous sommes aujourd'hui dans un espace type four à micro-ondes pour cuire ou réchauffer une viande. Elle va cuire en quelques secondes grâce à une très puissante émission de micro-ondes. Mais qui peut nous dire ce qu'il se passerait si on mettait une petite dose de micro-ondes pendant un temps très long ? Comme l'a dit un député à l'Assemblée nationale lors d'un débat sur cette question : « Moi, je ne voudrais pas être le morceau de viande qui sera cuit au bout de quarante ans avec les micro-ondes de la 5G. »

54. ANSES, « Exposition des enfants aux radiofréquences », art. cit.

La 5G

En effet, la 5G sera émettrice d'ondes millimétriques, c'est-à-dire de micro-ondes. Il est évident que les intérêts économiques dominent largement toute autre question, dans le but de rester dans la course mondiale à la connexion. Nous le voyons avec les compteurs Linky : la population française reste inquiète sur ce genre de sujet. Dans le cas qui nous occupe maintenant, le risque est d'autant plus important qu'avec la faible portée des fréquences 5G, le nombre d'antennes devra être très important et elles devront être très densément réparties sur le territoire. Cette situation va ajouter du brouillard à ce qui était déjà une purée de pois – la 2G, la 3G, la 4G, le Wi-Fi, le Bluetooth, ou encore les nouveaux compteurs communicants d'eau, d'électricité, de gaz, qui échangent régulièrement des données avec leurs infrastructures centralisées.

La 5G n'est pas encore en fonction en France, si ce n'est dans quelques villes pilotes. Les bandes de fréquences auxquelles on commence à la déployer sont actuellement autour de 3,5 GHz, assez proches de celles utilisées pour la 4G ou le Wi-Fi. Nous en connaissons déjà les effets. Ce qui risque d'être très grave, ce sont les bandes de fréquences qui seront utilisées par la suite, celles qu'on appelle « millimétrique », et qui iront jusqu'à 26 GHz. On sait qu'à partir de 10 GHz, même si l'énergie électromagnétique ne pénètre que très peu dans le corps, elle est concentrée au niveau de la peau. Ce constat pose de vraies questions quant à leur effet potentiel sur la santé.

Il existe des sites expérimentaux sur lesquels on commence à travailler pour mieux comprendre ce qui peut se passer. Les niveaux d'exposition aux ondes seraient inférieurs à la limite réglementaire, mais très variable selon l'intensité de l'usage. C'est ce qui ressort d'un rapport de l'Agence nationale des fréquences (ANFR). Les mesures ont été effectuées sur quarante-trois sites dans une dizaine de villes pilotes. Cependant, les antennes 5G reposent sur une technologie qui permet de former des faisceaux orientables vers les utilisateurs, contrairement aux technologies précédentes :

« L'exposition aux ondes créée par ces antennes-relais est donc susceptible de varier en fonction de l'emplacement des utilisateurs en communication et de leurs usages[55]. » Il faudrait donc tenir compte de la durée de présence du faisceau d'ondes, dans chaque direction, et de notre propre situation relativement. »

Autre souci, mais qui n'est pas dû qu'a la 5G : nos organismes supportent difficilement des ondes électromagnétiques pulsées. Elles n'existent pas dans la nature. C'est déjà le cas avec les précédents modes de communication des téléphones portables. La différence avec la 5G est que, ces ondes ne pouvant émettre loin, il va falloir multiplier les antennes de tous les côtés, partout, pour que ce système puisse fonctionner ! Sachant qu'une antenne-relais a une portée de moins de 100 m, il en faudra une quantité astronomique, des centaines de millions, pour que tout le monde soit couvert par ce réseau. Personne ne pourra y échapper. Où que vous soyez, sur la plage, à la montagne ou chez vous, vous serez arrosé par ces champs électromagnétiques.

On ne peut pas ignorer non plus l'effet sociétal de la mise en place de la 5G. Quand on sait que 5 % de la population française – plus de 10 % dans certains pays asiatiques – se disent en souffrance à la suite de leur exposition à des champs magnétiques artificiels, que va-t-il se passer dans les années qui arrivent avec cet envahissement électromagnétique au cœur de nos vies quotidiennes ?

Les objets connectés

On les appelle aussi « l'Internet des objets ». Au sens large, un objet connecté est un objet communicant. Vous allez me dire que la radio ou la télévision sont des objets connectés, certes, mais ce ne sont que des récepteurs. Les objets connectés sont des récepteurs et des émetteurs. Ce sont ces deux derniers points qui caractérisent ce type d'objets. Ce sont des objets électroniques sans fil qui vont partager des informations avec un ordinateur, une tablette ou un

55. ANFR, « Évaluation de l'exposition du public aux ondes électromagnétiques 5G », avril 2020.

smartphone par exemple, et qui sont capables de percevoir, d'analyser et d'agir selon le contexte dans lequel nous sommes et notre environnement. De plus, ils fonctionnent de manière autonome. Par exemple, votre système d'arrosage de votre pelouse sera relié et connecté à la météo par Internet, et quand il y aura la sécheresse, votre arrosage se mettra en marche d'office, et s'arrêtera d'office au contraire les jours où il pleuvra.

Un manque de place

Ce secteur des objets connectés est en plein essor. Que ce soit dans le secteur de l'énergie, de la domotique ou de la santé, les capteurs et antennes des appareils capables de collecter et de transmettre des informations sont de plus en plus nombreux. Comme je l'ai signalé précédemment, toutes les études scientifiques indiquent que 50 à 80 milliards d'objets connectés seront en circulation d'ici 2020 ou 2025, soit environ douze par personne. Or, ces objets vont être connectés en utilisant du Bluetooth, du ZigBee, du LoRa, c'est-à-dire des technologies à 2,4 GHz. Lorsque l'on utilise un téléphone portable pendant la journée, l'énergie émise correspond à la puissance du téléphone multipliée par le nombre d'heures.

Mais avec le déploiement massif des objets connectés, le temps d'exposition va exploser et l'énergie absorbée sera d'autant plus importante.

La 5G aura donc besoin de plus en plus de routes, qu'on appelle des canaux ou des bandes, pour communiquer. La grande majorité transite sur des bandes de fréquences limitées, comprises entre 850 et 950 MHz. Mais vu la formidable expansion de la 5G, la place va rapidement manquer. Déjà, beaucoup de routes d'informations sont bouchées, ou embouteillées pour le moins. Et nous, pauvres cobayes, allons être au milieu d'une soupe dont on ne sait pas exactement aujourd'hui les effets qu'elle pourra avoir sur notre bien-être. Bien sûr, on nous dit qu'il n'y aura aucune conséquence. On nous disait déjà la même chose pour la 3G, la 4G, le Wi-Fi et pour les compteurs communicants type Linky, et il y a pourtant des centaines de milliers de personnes en France, des centaines de millions dans le monde qui souffrent de pathologies liées à ces technologies. Cette souffrance est reconnue par les pouvoirs publics, même s'ils n'en rendent pas l'environnement électromagnétique directement responsable. Mais enfin, elle existe, que va-t-il se passer quand nous serons coincés entre les objets connectés chez nous, et mitraillés par les CEM émis par les antennes-relais de la 5G, positionnées tous les 100 mètres, voire moins ? Sans oublier ce qui viendra des milliers de satellites au-dessus de nos têtes qui nous bombarderont en permanence.

Des raisons politiques

Depuis le 25 mars 2020, le gouvernement a autorisé l'installation d'antennes-relais sur le territoire pour préparer l'installation de la 5G par ordonnance.

Celle-ci donne « la possibilité pour l'exploitant d'une station radioélectrique de prendre une décision d'implantation sans accord préalable de l'Agence nationale des fréquences ; la réduction du délai d'instruction des demandes de permissions de voirie ; et la dispense d'autorisation d'urbanisme pour les constructions, installations et aménagements nécessaires à la continuité des réseaux et services de communications électroniques ayant un caractère temporaire[56]. »

Il se dit que cette autorisation surprenante aurait été donnée en échange de masques pour le coronavirus. C'est une entreprise chinoise (Huawei) qui est chargée de ces installations, et 500 emplois seraient ainsi créés.

En d'autres termes, les antennes-relais pourront être maintenant installées sans prévenir les municipalités, ni du nombre, ni du lieu.

56. République française, « Ordonnance du 25 mars 2020 relative à l'adaptation des délais et des procédures applicables à l'implantation ou la modification d'une installation de communications électroniques afin d'assurer le fonctionnement des services et des réseaux de communications électroniques », 26 mars 2020.

D'après le journal *Le Média pour tous*, l'Agence nationale des fréquences contrôlait auparavant scrupuleusement l'installation de chaque antenne. Elle veillait notamment au respect des valeurs limites d'exposition des citoyens aux champs électromagnétiques. Avec cette ordonnance, ce sont les exploitants du réseau qui pourront « prendre une décision d'implantation sans accord préalable de l'agence » donc sans surveillance sanitaire.

Un délire technologique

Au-delà de l'aspect concernant l'exposition aux ondes très hautes fréquences, et des conséquences sanitaires, s'associent d'autres aspects inquiétants tels que l'épuisement des ressources, l'effrayant coût financier, le gâchis d'énergie, le délire techno-scientiste, et autres conflits d'intérêts… Le déploiement de la 5G, ce sera aussi pour finir dans quelques années autour de 50 000 satellites à basse altitude qui seront mis en orbite. Des milliards d'objets connectés sont déjà prévus par les industriels pour accompagner cette révolution de la communication.

Nous avons tendance à nous concentrer sur les conséquences de ces millions de petites antennes de téléphonie cellulaire qui seront installées sur les poteaux électriques, les bâtiments publics et les écoles, les abribus, les parcs publics et partout où ce sera possible pour relayer les signaux électromagnétiques où que nous soyons sur la planète Terre. On oublie que ces milliers de satellites seront eux-mêmes émetteurs d'un rayonnement de micro-ondes de longueur millimétrique vers la Terre pour alimenter les « petites antennes », avec toutes les conséquences inimaginables que cela peut avoir sur notre écosystème…

Toujours plus, toujours plus vite

La question que l'on peut se poser est : « À quoi ça sert ? » Comme on le dit dans une équipe de rugby, il faut revenir au fondamental. Nous sommes entrés dans l'ère de l'immédiateté, celle de l'information, des profits. Comment résister à cette injonction du « toujours plus vite » ? N'y a-t-il pas urgence à ralentir ? L'économiste Geneviève Azam nous dit que « ce que nous vivons, c'est la colonisation du temps humain dans toutes ses dimensions – biologique, social, écologique – par le temps économique. C'est un temps vide, sans racine, sans histoire, seulement occupé par la circulation des capitaux[57]. »

La 5G et l'Internet des objets sont un magnifique exemple du processus scientifique ou technique qui soutient et alimente en permanence l'accélération du temps social. Ils fournissent sans cesse des fonctionnalités et des objets nouveaux qui permettent en toute chose d'aller toujours plus vite. Mais n'avez-vous pas, comme moi, cette impression que plus la technologie et les services nous permettent de gagner du temps, plus nous avons le sentiment d'en perdre ? Curieux, non ? Mais si en plus on doit y perdre la santé…

Le physicien Pierre Papon, ancien directeur général du CNRS, nous explique que « les mythes mobilisateurs de la science sont confrontés, aujourd'hui plus que jamais, aux problèmes que posent la relation des sociétés humaines avec la nature et la maîtrise des moyens d'action que lui donne la connaissance[58] ».

Il est désormais souvent admis que la science et la technique ne contribuent pas spontanément, par leur essence, à l'amélioration des conditions de vie de l'être humain. Dans chaque domaine – la biologie, la physique ou la médecine –, le bon peut apparaître comme intimement lié au mal. Mais si on évalue les avantages contre les inconvénients, les bénéfices contre les risques, où est le bon avec la 5G ?

La 5G est un des scandales environnementaux et humains majeurs de ce siècle. Vous a-t-on un jour demandé ce que vous en pensiez ? Comment peut-on nous imposer cela ? Qui a pris ces décisions ?

57. Sophie Chapelle, « "Toujours plus vite" : ces dissidents pour qui il est urgent de ralentir », *Bastamag*, septembre 2014.
58. Pierre Papon, *Bref récit du futur – Prospective 2050, science et société*, éd. Albin Michel, 2012.

Chapitre XV

La bouche, principal facteur de risques

« Le génie a horreur du consensus parce que lorsque
le consensus est atteint, la pensée s'arrête. »
Michel Winock

Il est encore aujourd'hui difficile de comprendre l'apparition de la maladie des ondes ou la fibromyalgie et la fatigue chronique. Dans les mêmes conditions de vie, les mêmes conditions de surexposition, certaines personnes seront atteintes, d'autres pas. Nous sommes alors obligés d'admettre, comme pour d'autres maladies, que certains terrains sont plus favorables que d'autres à l'apparition de ces désordres de santé. Personnellement, contrairement à ce que l'on dit, je ne pense pas que ce soit une question de prédisposition génétique.

En réalité, il existe des facteurs de susceptibilité actifs, de différentes natures. J'entends par là tous les éléments qui amplifient et potentialisent l'effet nocif des ondes sur la santé. Ces facteurs sont mal connus de l'ensemble des électrosensibles et même de tous les intervenants de la problématique des ondes, que ce soit dans le milieu associatif ou médical. Je m'amuse souvent à penser que ce sont les ondes électromagnétiques qui représentent un facteur de susceptibilité à l'effet informatif délétère de certaines matières chimiques ou non. Il s'agit d'une approche complètement différente à la problématique de l'hyperélectrosensibilité. C'est la vieille histoire de la poule et des œufs. J'aurais beaucoup d'arguments pour voir les choses de cette façon.

La science a toujours évolué entre la théorie et la pratique, l'une n'étant rien sans l'autre. Je suis avant tout un praticien, c'est-à-dire un clinicien, et c'est ainsi que j'ai appris l'extraordinaire et merveilleuse machine proprioceptive et neurosensorielle qu'est un organisme humain.

La médecine moderne est de plus en plus instrumentalisée et complexe. La conséquence est que le monde médical ne sait plus observer ou toucher ses patients, car il imagine que la réponse à ses questions viendra de la technologie moderne médicale. La thérapeutique, elle, fera toujours appel à la chimie. Qu'allons-nous devenir quand les consultations se feront par télétransmission ? Pourtant, en revenant au fondement même de la démarche scientifique sur l'observation et l'expérimentation, on peut entrevoir une vérité qu'il est difficile de mettre en doute car le corps ne ment pas quand on sait le lire.

C'est dans cette zone obscure de la connaissance médicale – la bouche – que l'on a les principaux responsables de ces maladies d'origine inconnue. Je veux parler notamment de l'effet électrochimique des matériaux dentaires et du problème occlusal dentaire.

Les conséquences électrochimiques des reconstructions dentaires

Il n'est plus acceptable aujourd'hui de prétendre qu'une cause entraîne un problème de santé. Comme je l'ai expliqué précédemment, nous parlerons de réseau de causalité. Nous évoquerons donc une pollution au sens large – chimique, électromagnétique ou autres typologies. Quand on parle par exemple de syndrome d'intolérance aux champs électromagnétiques, il s'agit d'une simplification. D'autres indiqueront une multichimicosensibilité, puisque l'on sait que celle-ci précède dans 40 % des cas la maladie des ondes. Ce qui signifie en clair que la chimie peut être inductrice d'électrosensibilité. Mais c'est parfois le contraire : les CEM sont parfois inducteurs de chimicosensibilité. L'une comme l'autre doivent être abordées avec un grand esprit d'ouverture sur la notion de pollution et ses conséquences.

Des pollutions de toute nature

Une de celles-ci, puisque c'est le sujet de ce livre, est due aux installations radioélectriques, aux antennes-relais, aux radars aéronautiques, au Wi-Fi, aux compteurs communicants, aux objets connectés, à la 5G, etc. L'exposition due aux terminaux, même si leur puissance est très faible, fait que leur grande proximité vis-à-vis du corps conduit à une exposition très forte, plus forte même que celle générée par des antennes-relais éloignées. Il ne faut jamais oublier que la puissance d'un signal électromagnétique est inversement proportionnelle au carré de la distance. Plus on est près, plus on en prend.

Il faudrait aussi penser à la pollution extérieure, celle due par exemple aux composés organiques volatiles, présents incognito dans les habitations, à celle de l'air, à celle de l'alimentation, à celle de nos vêtements, à celle de tous les produits chimiques dont nous sommes entourés en permanence et que nous manipulons tous les jours.

Nous devons aussi nous interroger sur celle de « l'effet cocktail », c'est-à-dire la combinaison de plusieurs facteurs responsables, qui ne seraient pas reconnus aujourd'hui – que ce soit dans les expositions environnementales, ou dans un certain nombre d'expositions non chimiques mal connues que j'évoque dans ce livre. Cet aspect complexifie énormément la problématique, puisque reconnaître ces facteurs supposerait que l'on dispose éventuellement, pour chacun, d'une hypothèse de causalité et que l'addition de tous ces éléments permette d'avancer. Cela d'autant plus s'ils peuvent interagir les uns avec les autres. Tous ces éléments représenteraient un travail considérable qui, même s'il n'est pas envisageable, doit être toujours présent à l'esprit.

Plutôt que de parler par exemple de syndrome d'électrohypersensibilité ou de multichimicosensibilité, de fatigue chronique ou du syndrome de la fibromyalgie, ne serait-il pas peut-être plus juste, tout simplement, de parler d'un syndrome de la pollution électrochimique ? Cette approche permettrait non seulement aux spécialistes, mais aussi aux victimes, de sortir le nez du guidon, de prendre du recul pour avoir une vision plus juste, objective et constructive de ce type de problèmes de santé. Nous n'avancerons dans cette recherche qu'à cette condition.

Je vais donc, à ma petite échelle, en fonction de mon expérience, évoquer pour vous ce que j'appelle les pollutions du dedans, celles de notre plus proche environnement, celles auxquelles trop peu de thérapeutes pensent. Dans la grande majorité des cas, en les supprimant, on constate des améliorations de santé spectaculaires.

Les dents

Nous allons commencer par les dents. C'est en effet à ce niveau que se conjuguent différents éléments de nature très différente, qui s'additionnent et interfèrent, et sont à eux seuls, bien souvent, responsables du SICEM comme de la fibromyalgie.

Le monde médical, même celui qui se dit intéressé et averti par l'hyperélectrosensibilité, n'a pas compris l'importance de ce qui se passe en bouche dans cette problématique de santé. Il n'est donc pas très étonnant que les EHS et leurs associations soient malheureusement mal informés sur ce sujet.

Un médecin vous a-t-il déjà fait ouvrir la bouche ? Probablement jamais. Les médecins ne sont jamais intéressés par les dents, et ne sont donc pas (ou mal) informés des pathologies et problèmes de santé qui ont pour origine le dysfonctionnement du système stomatognathique, c'est-à-dire de la bouche et des dents. Ils le sont encore moins des éventuelles conséquences des soins dentaires et de l'état dentaire sur la santé des patients. Pour les médecins, le dentiste est une sorte de mécanicien de la bouche, voire un maçon qui bouche des trous, pose des plâtres, des chevilles et des clous. C'est le gérant de « la boîte à ragoût », comme ils disent !

En réalité, l'expérience montre que le dentiste est beaucoup plus que cela, son rôle est davantage celui d'un neurologue que celui d'un plombier. La place de la bouche dans la maladie de l'hyperélectrosensibilité comme dans le syndrome fibromyalgique ou le syndrome de fatigue chronique en est une des facettes les plus remarquables. Et malheureusement la moins connue.

Quand on parle de reconstitutions dentaires posées par les dentistes dans la bouche de leurs patients, un mot revient en permanence, c'est celui d'amalgame. Comme si tous les dentistes de France et de Navarre ne posaient que des amalgames dans la bouche de leurs patients. L'amalgame est noir, c'est un alliage contenant du mercure et de l'argent, parfois un peu de zinc et un peu de cuivre. Il n'existe pas d'amalgame blanc, comme parfois certains patients le disent : dans ce cas-là, ce sont soit des composites à base de résine, soit des céramiques.

Le syndrome des amalgames

Il existe un syndrome appelé celui des « amalgames dentaires » reconnu par l'Agence nationale de sécurité du médicament et des produits de santé, qui est un établissement public français. Celle-ci a pour mission principale d'évaluer les risques sanitaires présentés par les médicaments et produits de santé destinés à l'être humain. Elle est aussi l'autorité unique en matière de régulation des recherches biomédicales.

L'Agence a changé plusieurs fois de nom depuis sa création. Elle se nomme l'ANSM (Agence du médicament) de 1993 à 1999. Elle devient l'AFSSAPS (Agence française de sécurité sanitaire et des produits de santé) entre 1999 et 2012.

Depuis 2012, elle a pris le nom d'ANSES (Agence nationale de sécurité du médicament et des produits de santé).

Le syndrome des amalgames dentaires est l'ensemble des symptômes décrits par une fraction de la population comme étant la conséquence de la présence d'amalgame en bouche. Ces symptômes sont très étendus : angoisses, irritabilité, dépression, perte de mémoire, hypersensibilité, bruxisme, acouphènes, maux de tête, fatigue, allergies aux aliments, aux odeurs, sensations de brûlures, fourmillements ou tremblements de certaines parties du corps, etc.

Cette liste ne vous rappelle rien ? C'est le SICEM !

Le mercure que contient l'amalgame est accusé de conduire à des maladies graves et invalidantes. Son implication dans la survenue ou l'aggravation de la maladie d'Alzheimer est discutée par les chercheurs car il est prouvé que le mercure est un poison pour la cellule nerveuse et ce, même à faibles doses. Parce qu'ils sont non spécifiques et non attribuables à une maladie connue, ces symptômes sont niés par la majorité du corps médical et par les autorités sanitaires de notre pays. C'est ainsi que dans son rapport d'octobre 2005, l'AFSSAPS conclut : « Selon les données scientifiques publiées depuis 1998, les symptômes décrits par certaines personnes comme étant la conséquence de la présence d'amalgame dans leur bouche **ne sont pas attribuables au mercure** mais reflètent des maladies somatiques non diagnostiquées ou des troubles psychiques, voire psychiatriques[59]. »

Je partage complètement, sur un point, l'avis des autorités à ce sujet. Je pense comme eux que **le rôle du mercure est surestimé**.

Car en réalité, **le syndrome de l'amalgame n'est dû, essentiellement, qu'au signal électromagnétique de l'alliage qui le constitue**.

Les intolérances électromagnétiques

Selon mon expérience, la place donnée au mercure est exagérée dans cette problématique – même s'il reste un poison. On s'est aperçu que quand on enlève des amalgames, on a souvent une amélioration de santé, parfois spectaculaire. Le référentiel de la médecine étant surtout la chimie, par facilité, on attribue cette amélioration au fait qu'on enlève du mercure de l'organisme. Mais c'est une erreur, car l'amélioration est immédiate, dans la seconde, et l'imprégnation

59. ANSM, « Le mercure des amalgames dentaires – Actualisation des données », avril 2015.

mercurielle de l'organisme n'a pas pu être modifiée aussi rapidement. La réalité est que l'amalgame est une bombe électromagnétique, mais cela n'est pas compris par les autorités, pas plus que par les victimes ou leurs associations. Tous les hyperélectrosensibles devraient se faire enlever systématiquement les amalgames en bouche. Certains ne le font pas parce qu'ils ont entendu dire que le fait de les enlever pourrait participer à les intoxiquer au mercure, et par là même, aggraver leur maladie. Pour cette raison, il arrive même que certains dentistes ne veuillent pas le faire. Cela n'a aucun sens, c'est seulement une conséquence de leur ignorance. Je connais des hyperélectrosensibles, rencontrés dans les associations, et qui ont la bouche remplie d'amalgames. Comment peuvent-ils ne pas avoir compris que leurs problèmes de santé viennent avant tout de là ? Comment une peur sans fondement peut-elle les faire garder de pareilles bombes électromagnétiques en bouche ? Comment l'association « non au mercure dentaire » n'a-t-elle pas compris d'où vient le mal ? Comment tous les médecins et autres thérapeutes n'ont-ils pas compris tout ce qui précède ?

Cependant, quand on enlève des amalgames, des précautions sont à prendre en appliquant un protocole, mais sans non plus rentrer dans une usine à gaz ! Mon site Internet détaille le protocole que je conseille.

Il est d'ailleurs intéressant de savoir qu'un texte publié récemment par le Parlement européen mentionne l'existence du « syndrome des amalgames dentaires ». Il reconnaît que « de nouvelles maladies ou syndromes de maladies sont apparus ces dernières années, tels que l'hypersensibilité chimique multiple, le syndrome des amalgames dentaires et l'hypersensibilité aux rayonnements électromagnétiques[60] ». Le fait qu'un texte officiel soit voté par le Parlement est un pas vers la reconnaissance de ces syndromes, qui en réalité n'en font qu'un ! C'est une réalité, mais pas celle que l'on croit...

60. « Résolution du Parlement européen du 4 septembre 2008 sur l'évaluation à mi-parcours du plan d'action européen en matière d'environnement et de santé 2004-2010 ».

Réellement, que se passe-t-il ?

Il n'est pas nécessaire d'être devin pour comprendre qu'il y a une similitude très proche entre ces syndromes et celui de l'intolérance aux champs électromagnétiques. C'est en réalité exactement la même chose. Les amalgames engendrent notamment le syndrome d'intolérance aux champs électromagnétiques.

Il est notoire dans le monde des électrosensibles que leurs problèmes de santé ont commencé très souvent après leur passage chez le dentiste. Après la pose d'amalgames (contenant du mercure), certainement, mais aussi de couronnes, ou d'**implants métalliques**, qui n'en contiennent pas. Et curieusement, les problèmes commencent souvent aussi après la pose de résines composites, de céramiques ou autres zircones qui sont des **matériaux non métalliques**.

En réalité, le mercure, d'un **point de vue symptomatique**, n'y est pour rien ; le responsable est l'effet électromagnétique des différents matériaux qui sont utilisés pour ces reconstitutions dentaires, **métalliques ou pas. Cet effet électromagnétique entraîne des tensions sur le système musculaire tonique réflexe. Le syndrome de l'amalgame dentaire n'est pas autre chose. Ce syndrome ne concerne pas que l'amalgame, mais aussi toutes les reconstitutions dentaires quand il y a incompatibilité.**

Penser que seuls les matériaux contenant du métal ou du mercure entraînent des problèmes est une erreur historique, malheureusement colportée par de nombreux spécialistes.

Un signal électromagnétique

Un des chercheurs ayant travaillé sur ce sujet n'est autre que le professeur Yves Rocard, le père de notre ancien ministre. Du côté de l'université, il est chargé de cours au Collège de France puis nommé maître de recherches en 1932. Il devient maître de conférences de physique à la Faculté des sciences de Clermont-Ferrand en 1939 puis, le

1er octobre 1939, maître de conférences de mécanique expérimentale des fluides (puis de physique) à la Faculté des sciences de Paris. En 1945, il devient professeur titulaire de physique et directeur du laboratoire de physique de l'ENS. À partir de 1947, il devient conseiller scientifique pour les programmes militaires au CEA.

En 1951, il est responsable scientifique des programmes qui vont conduire la France à la maîtrise de l'armement nucléaire. Il est en quelque sorte le père des bombes A et bombes H.

Sous son impulsion, le laboratoire de physique de l'ENS à Paris démarre en 1955 la construction du laboratoire de l'accélérateur linéaire à Orsay (Essonne), pour donner aux scientifiques français leur premier accélérateur d'électrons. Je ne pense pas que l'on puisse accuser cette personnalité scientifique de « divagation intellectuelle ».

Yves Rocard s'est particulièrement intéressé aux champs électromagnétiques infiniment petits et les a même mesurés[61]. Voici notamment ce qu'il a découvert :

- Certaines roches, comme la dolomite, émettent un champ de 0,4 gamma[62], d'autres, comme le calcaire, 1,2 gamma, et d'autres encore, comme les granites, 200 gammas.
- Une pièce de monnaie en nickel (ancien franc de 50 centimes) émet un champ magnétique de 1 gamma à 5 cm de distance.
- Une pièce de 2 francs émet un champ de 5 gammas à 5 cm de distance.

Mais d'autres pièces peuvent émettre des champs beaucoup plus intenses. C'est de cette propriété des matériaux que se servent notamment les appareils monétique quand vous mettez vos pièces pour payer votre trajet d'autoroute ! Toute fausse pièce émettant un champ différent de celui qui est paramétré sera refusée.
Ce sont des signaux très proches de ceux de notre propre système oscillatoire, qui expliquent des phénomènes d'interférence et de résonance avec celui-ci. On sait que leurs qualités physiques – fréquence,

61. Yves Rocard, *Dynamique générale des vibrations*, Masson et Cie, 1949.
62. Le gamma est l'unité de mesure qui permet de mesurer ces champs infiniment petits.

spin notamment – dépendent du matériau émetteur. Les conséquences dépendront de la réceptivité du sujet qui le reçoit. Un matériau qui convient à l'un ne conviendra pas à un autre. On sait aussi que la puissance de ce signal est potentialisée par l'action des champs électromagnétiques.

Un phénomène de résonance

Il ne s'agit pas uniquement d'un effet d'antenne dû seulement aux reconstructions métalliques. En réalité, ces matériaux de reconstitution dentaire, **métalliques ou pas**, peuvent entraîner un parasitage vibratoire du système nerveux autonome. C'est ce qui se produit chez certaines personnes quand il y a ce que j'appelle une incompatibilité électromagnétique entraînant une résonance. Je démontre, en clinique, que certains matériaux chargent « par induction » notre corps électriquement. Je démontre de la même façon que certains matériaux non métalliques ont cet effet, et que d'autres, pourtant métalliques, ne l'ont pas.

J'ai sur ce sujet une immense expérience en tant que dentiste spécialisé, et je regrette beaucoup que de grands professionnels de santé reconnus pour leurs compétences soient complètement aveugles à ces réalités, ou que certaines associations continuent à répéter des choses inexactes à ce sujet. Il faut être modeste devant les faits, et il n'y a aucun mal à reconnaître ses erreurs. Rétablir certaines vérités peut aider un nombre considérable de HES.

Le patient et ses dents

Je reçois beaucoup d'appels téléphoniques et de courriels de la part de personnes hyperélectrosensibles et fibromyalgiques. Après avoir écouté leurs problèmes de santé, je leur demande régulièrement dans quel état est leur bouche. Parfois, elles me répondent qu'elles n'ont aucun problème à ce niveau-là. Je repose la question différemment en leur demandant si elles ont des reconstitutions dentaires dans la bouche.

Souvent, elles me disent qu'elles n'ont rien dans la bouche. Alors je repose la question différemment, en leur demandant si elles ont déjà eu des caries. Elles me répondent que oui. Je leur dis alors : « Donc c'est que vous avez des choses dans la bouche. » Elles me répondent que non, enfin oui, peut-être, mais ce sont des résines. « Je n'ai pas de métal. » Dans l'imaginaire du public, le fait de ne pas avoir de métal en bouche est une garantie que tout va bien de ce côté-là. C'est une erreur. C'est pour cette raison que j'insiste là-dessus ! Parfois, même, elles me disent qu'elles se sont fait enlever les amalgames, ou d'autres métaux dans leur bouche, et qu'elles ne vont pas mieux. C'est souvent parce que les matériaux de reconstitution dentaire non métalliques qui leur ont été posés en remplacement ne conviennent pas d'un point de vue électromagnétique. C'est grave, parce que n'ayant plus d'amalgames en bouche ni de métaux, ces personnes pensent que de ce côté-là, tout est bien, et que ce n'est plus la peine de chercher une cause à leur problématique de santé du côté de leur bouche. Alors elles continuent un difficile chemin de souffrance, allant d'un côté à l'autre, pendant des années, sans trouver le secours attendu.

Et le mercure dans tout ça ?

Beaucoup d'EHS me disent être intoxiqués aux métaux lourds. Ces mots résonnent dans leur inconscient d'une façon sombrement magique, tellement l'expression est omniprésente. Dès qu'il existe un problème de santé, c'est le fait des métaux lourds ! Depuis la sortie du livre de Françoise Cambayrac, *Vérités sur les maladies émergentes*[63], un grand nombre de personnes souffrant de symptômes décrits dans cet ouvrage mettent sur le compte du mercure leur problématique de santé.

Mais à mon sens, la cause des symptômes qui y sont décrits, comme les solutions préconisées, n'est pas la bonne !

Personnellement, en tant que praticien chirurgien-dentiste, clinicien, posturologue, au cœur de la problématique de santé évoquée dans ce

63. Éd. Marco Pietteur, 2007.

livre de Madame Cambayrac, je ne partage pas du tout le point de vue qui y est développé. Point de vue qui malheureusement se répand comme une traînée de poudre dans la culture à travers Internet, au détriment de ceux qui cherchent une vraie solution à leurs problèmes de santé. Madame Cambayrac n'a pas compris le syndrome d'électrohypersensibilité, il n'y a que quelques lignes dans son livre sur ce sujet.

Pour le professeur Belpomme, président de l'ARTAC, l'éthylmercure libéré par les amalgames (sous la forme de gaz) pénétrerait dans la gaine de Schwann du nerf olfactif, à partir de ses terminaisons nasales, et passerait dans le bulbe olfactif pour gagner le rhinencéphale, là où siège le système limbique. Ce phénomène favoriserait l'ouverture de la barrière hémato-encéphalique, avec toutes ses conséquences délétères. Je considère que c'est un roman qui ne s'appuie sur aucune base scientifique réelle.

J'ai beaucoup travaillé sur cette problématique en pratiquant régulièrement des tests de provocation à l'acide 2,3-dimercapto-1 propanesulfonique (DMPS) pour mettre en évidence cette intoxication suivie – quand celle-ci est avérée – d'une chélation chimique[64]. Je n'ai personnellement constaté aucune amélioration de santé symptomatique chez des électrohypersensibles à la suite de ces traitements qui, en plus, leur ont souvent coûté très cher. S'il y a une amélioration de santé, comme je l'ai signalé précédemment, elle est uniquement due au fait qu'on a retiré les amalgames de la bouche de ces personnes, c'est-à-dire leur signal électromagnétique.

Le mercure est un poison, cela ne se discute pas. À mon sens, il ne faut plus poser d'amalgames au mercure en bouche. S'il faut les retirer, un protocole rigoureux doit être appliqué. Les matériaux pour les remplacer doivent être testés pour s'assurer de leur compatibilité électromagnétique.

Ce livre est destiné aux hyperélectrosensibles, aux fibromyalgiques, aux fatigués chroniques. Je me dois de leur livrer les solutions qui

64. Ce terme signifie une approche médicale visant à désintoxiquer l'organisme des minéraux et métaux nuisibles

m'ont été apportées par mon expérience personnelle, et non pas répéter les informations diverses et variées qui fleurissent sur Internet et dans certaines revues, même quand ces informations proviennent de personnalités médicales.

Cela étant dit, je ne remets pas du tout en question la dangerosité des métaux lourds pour la santé. Ils sont responsables d'importants problèmes, notamment de maladies neurodégénératives. Il y a aujourd'hui en France plus de 20 millions de personnes qui sont concernées par celles-ci, c'est un véritable fléau, et il est probable que ces métaux lourds participent avec d'autres à ce genre de problème de santé. Mais il faut savoir que nous en buvons, nous en mangeons, nous en respirons, toute la journée et de toute nature. Aluminium, cuivre, cadmium, plomb, mercure, argent, nickel font partie de notre alimentation et respiration. Moins on en aura, mieux on se portera. Ce n'est qu'une vie saine, une alimentation saine, de l'eau saine et une activité sportive régulière qui nous permettront de vivre longtemps et de mourir en bonne santé.

Ce mode de vie vaudra toutes les chélations chimiques du monde !

Ceux qui sont intéressés par cette problématique du mercure peuvent se référer à mon livre *Et si ça venait des dents ?*[65] dans lequel un très long chapitre y est consacré.

L'électrogalvanisme buccal

Quand j'ai commencé à m'intéresser aux effets délétères entraînés par les matières en bouche, je me suis beaucoup interrogé sur leur origine. Je me suis particulièrement intéressé à la problématique de l'électrogalvanisme.

On attachait autrefois peu d'importance à ce phénomène, car on n'avait pas compris qu'il pouvait être responsable de processus iatrogènes. Aujourd'hui, le développement des connaissances en

65. Éd. Dangles, 2018.

physiologie et en toxicologie des métaux, plus particulièrement, a mis la question des matériaux prothétiques sur le devant de la scène. De nombreuses publications montrent l'existence du phénomène de façon indiscutable – voir, par exemple, les travaux du professeur R. Söremark de l'Institut Karolinska, à Stockholm[66].

Des courants sont générés dans la bouche entre les reconstructions dentaires. Ils sont dus à la proximité des matériaux métalliques entre eux. Ces matériaux présentent des potentiels électriques différents qui, par là même, génèrent une libération d'ions métalliques. Il se crée ainsi les courants électriques de très basse tension étudiés par Galvani. Il y a, par exemple, une libération d'ions métalliques lorsqu'un métal se trouve à proximité d'autres métaux et, en particulier, à côté d'un alliage métallique plus électropositif (la salive joue alors le rôle d'électrolyte). La différence de potentiel électrique crée un phénomène de pile autoentretenu par la corrosion du métal. Les courants peuvent se mesurer, leurs valeurs varient entre 4 et 50 µA, avec quelques cas connus à 160 µA. Tous les métaux présents en bouche peuvent participer à cet effet de pile, quels qu'ils soient.

Le phénomène du galvanisme n'est pas propre à la dentisterie. Il constitue également une préoccupation majeure pour les électro-chimistes ou les ingénieurs métallurgistes, et une discipline universitaire lui est consacrée. Le galvanisme est bien connu, par exemple, des plombiers : lorsque, sur une conduite d'eau, on monte un raccord en laiton sur un tube en acier, l'acier va se corroder très rapidement.

Les courants galvaniques sont susceptibles de générer des manifestations buccales désagréables (goût métallique, brûlures, petites lésions de type lichen plan). Le phénomène est connu. Toutefois, dans la mesure où les symptômes précédemment cités peuvent avoir des origines variées, il ne semble pas y avoir de lien clair entre ces symptômes et l'intensité du courant. On voit parfois, sur la gencive ou la muqueuse buccale, des traînées grises ou des taches noires. Elles indiquent la migration intracellulaire des sels métalliques suivant les

66. R. Söremark, « *Clinical Aspects on the Corrosion od Dental Alloys* », *Biocomptability of Co-Cr-Ni Alloys*, NATO ASI Series, n° 171, 1988.

lignes de courant : ce sont des tatouages spontanés dus à la corrosion des métaux.

À mon sens – et pour l'avoir vérifié maintes fois –, ce sont les reconstitutions prothétiques « métal sur métal » qui sont les plus dangereuses, quand elles impliquent des métaux différents. Une couronne métallique ou céramo-métallique peut, par exemple, reposer sur un amalgame, lui-même parfois maintenu par une vis (ou *screw-post*) de nature potentiellement différente. On peut imaginer aussi un implant en titane recevant une couronne dans un autre matériau métallique. Il peut alors se créer une « musique électrique » anode/cathode entre les différents matériaux, qui peut avoir des conséquences non négligeables sur notre santé. Tous les EHS devraient faire mesurer ces courants électriques en bouche par leur dentiste.

Cependant, selon mon expérience, je considère que c'est davantage l'effet électromagnétique des matériaux en eux-mêmes, même s'ils ne sont pas métalliques, qui entraînent de graves problèmes d'hyperélectrosensibilité, plus que les courants galvaniques à proprement parler. La seule solution à ce qui précède est de s'assurer de la compatibilité des matériaux en bouche en les testant, c'est-à-dire en demandant à notre corps s'ils lui conviennent. Il est fondamental de savoir qu'une céramique ou un composite peuvent entraîner des troubles de santé aussi importants, parfois même pires qu'un amalgame avec son mercure.

Le problème occlusal dentaire

Mais les dents ne se résument pas à ce qui précède. Il y a aussi le problème occlusal dentaire, méconnu, magistral inducteur de tensions sur le système tonique réflexe, un véritable fléau de santé publique, tellement le nombre de personnes concernées est immense. Le silence médical à ce sujet est ahurissant, surtout de la part des médecins qui devraient le connaître en priorité, notamment des rhumatologues, mais aussi bien sûr de ceux qui s'occupent du SICEM. J'ai déjà beaucoup écrit sur ce sujet. Il est difficile, pour nos esprits « rationnels », de comprendre qu'il s'agit plus d'un problème proprioceptif, avec ses conséquences neurosensorielles, que d'un problème mécanique. La sensibilité proprioceptive est rendue possible par l'existence de récepteurs microscopiques (les propriocepteurs) situés dans les muscles, les fuseaux neuromusculaires, les articulations, les tendons et les ligaments. Les informations qu'ils reçoivent permettent l'ajustement des contractions musculaires nécessaires aux mouvements et au maintien des postures ou de l'équilibre. Toutes ces dysfonctions dans cette sphère causent des tensions au niveau du système tonique réflexe et entraînent toujours un problème postural et une perturbation du système neurovégétatif.

L'« occlusion dentaire » est la façon dont nos deux maxillaires (celui du haut et celui du bas) entrent en contact. Il y a contact lorsque l'on serre les dents mais aussi lors de la mastication.

Lorsque la « rencontre » des dents n'est pas harmonieuse, lorsque certains contacts sont iatrogènes, il s'ensuit une foule de problèmes de santé, rarement au niveau de la sphère buccale, mais surtout, la plupart du temps, à distance. Ces problèmes peuvent parfois devenir très sérieux, et il n'y a pas de relation entre l'insignifiance du contact iatrogène et l'importance parfois dramatique des problèmes de santé qui en sont la conséquence. Tous les hyperélectrosensibles comme tous les fibromyalgiques et fatigués chroniques qui viennent me consulter ont un problème de cette nature. Il faudrait qu'un jour cela finisse par se savoir ! Il faudrait systématiquement procéder à des vérifications, dans ce type de soucis de santé. Il n'est pas admissible que les thérapeutes qui s'occupent de ces pathologies méconnaissent le problème occlusal dentaire.

On oublie, trop souvent, l'effet répétitif d'un seul contact dentaire iatrogène. En effet, nous déglutissons 2 500 fois par jour, soit 900 000 fois par an environ et, lors de cette fonction, nous prenons appui sur les dents. Ce contact répétitif, même s'il est bref (une demi-seconde), finit par avoir un effet mitraillette délétère sur l'état physique et mental des plus robustes d'entre nous quand il y a un problème à ce niveau.

Ce phénomène rappelle les techniques de vérification de certains objets industriels. Par exemple, pour connaître la solidité d'une chaise, on la place mécaniquement dans des conditions d'utilisation maximale et correspondant à quelques années d'utilisation. On connaîtra la résistance d'une chaise lorsqu'elle aura ainsi été « secouée » des centaines de milliers de fois. Dans le cas du problème occlusal dentaire, ce sont nos vertèbres, nos tendons et nos articulations qui, pareillement, subissent des microtraumatismes de façon répétitive et sans que nous en ayons conscience.

Le problème occlusal étant responsable de contractures musculaires, on comprend qu'il entraîne une accumulation chronique de tensions répétitives sur le système tonique réflexe, avec toutes les conséquences que cela implique. À défaut d'une phase suffisante de repos, le métabolisme des muscles posturaux passe d'une phase d'aérobie à une phase d'anaérobie avec production permanente d'**acide lactique** et de toxines qui seront responsables de douleurs musculaires chroniques.

Ces tensions entraînent des douleurs musculaires avec un harcèlement répétitif des tendons et participent ainsi à la formation de tendinites. Eux-mêmes tirent sur les ligaments (et donc sur les cartilages) et entraîneront des inflammations chroniques articulaires. Mais ce n'est pas tout. Les émonctoires – le foie et les reins – auront du mal à évacuer cette quantité anormale d'acide lactique et de toxines, et ils en souffriront à leur tour. Ainsi, vinaigre sur le gâteau, l'équilibre acido-basique, si important dans la problématique de l'hyperélectrosensibilité, sera perturbé fortement dans le sens d'une acidification de l'organisme, avec toutes les conséquences que cela entraîne.

On comprend ainsi mieux que la maladie occlusale – qui pourrait paraître insignifiante – peut avoir des conséquences extrêmement délétères sur notre état de santé, et parfois dans des domaines insoupçonnés.

Je pense, par exemple, à la qualité du sommeil. Il est très connu que lors du cycle de sommeil appelé « paradoxal » (celui des rêves), nous avons tendance à serrer ou même hyperserrer les dents – les personnes hyperélectrosensibles et stressées plus que les autres. Quand il y a un trouble de l'occlusion dentaire, les tensions résultantes vont perturber la détente musculaire nécessaire à une bonne récupération. J'entends souvent dire : « Je me réveille plus fatigué que quand je me suis couché », ou « quand je me lève, j'ai mal partout comme si on m'avait battu ».

Je vois régulièrement des patients dont les contacts dentaires sont parfaitement harmonieux et équilibrés en apparence – à en faire rêver un occlusodontiste – mais qui pourtant sont victimes d'une malocclusion. Quelques microns de trop là où il ne faut pas peuvent gâcher une vie.

Quand on a les problèmes de santé évoqués dans ce livre, il me paraît indispensable de consulter un dentiste spécialisé pour qu'il puisse comprendre et relier les pathologies à un problème occlusal dentaire. Toutes les personnes hyperélectrosensibles devraient s'en préoccuper.

L'équilibre acido-basique des sujets concernés, notamment chez les hyperélectrosensibles, est un élément clé de leurs problématiques de santé.

Ce problème occlusal empire des problèmes posturaux, des douleurs cervicales et lombaires, des tensions et courbatures au lever parfois violentes, des troubles du sommeil accompagnés d'hyperserrage dentaire ou de bruxisme. L'épuisement généré par les contractures musculaires résultant d'une posture vrillée contribue au syndrome de fatigue chronique et fibromyalgique, rendant tout effort musculaire pénible, voire impossible.

Tous les hyperélectrosensibles qui me consultent, comme toutes les personnes fibromyalgiques, sont concernés par celui-ci. S'il existe des exceptions, elles sont rarissimes !

Une solution

Cette situation est d'autant plus regrettable que la pratique d'un meulage sélectif – qui consiste à « limer » le ou les contacts iatrogènes – permet de rétablir une occlusion harmonieuse en quelques minutes et quasiment sans aucun frais pour le patient. Il faut savoir qu'un seul contact anormal, quasiment insignifiant, d'une cuspide d'une dent sur son antagoniste peut suffire à créer ces problèmes douloureux à distance et vous gâcher la vie.

Souvent, les cervicalgies ou les lombalgies, quand elles ne sont pas d'origine traumatique, ont cette origine. Le meulage sélectif est un travail minutieux, qui s'effectue au centième de millimètre près. C'est également un acte grave, car la matière dentaire enlevée ne repousse pas !

Le meulage atteint la dent de manière irrémédiable et doit donc être réalisé avec la plus grande précaution. C'est, en effet, un acte irréversible et il peut, s'il est mal réalisé ou mal compris, empirer les douleurs des patients.

Il doit se faire en totale coopération avec le patient. Ce dernier doit être « occluso-conscient » pour aider le praticien à repérer les contacts prématurés. Le meulage doit se faire par très petites touches et parfois en plusieurs séances. Le praticien doit bien écouter le ressenti du patient d'une séance à l'autre et en tenir le plus grand compte.

Le praticien demandera au patient de serrer les dents sur du papier carbone pour mettre en évidence les points de contact présumés iatrogènes. Ceux-ci seront ainsi marqués et repérés facilement, le praticien n'aura plus qu'à supprimer ceux qui lui paraissent nuisibles. Ces mesures se font essentiellement en occlusion centrée, mais aussi parfois en position de latéralité.

Je considère que le terme « meulage » est abusif, car il s'agit en réalité presque d'un polissage, tant il est insignifiant. Certains confrères sont très opposés à ce type d'approche. Selon moi, ils n'ont pas compris le formidable bénéfice que peuvent tirer les patients d'un acte quasi insignifiant. Les spécialistes que j'ai formés à cette technique sont unanimes pour dire qu'elle est particulièrement intéressante et efficace. Les résultats sont spectaculaires !

Les retouches sélectives rendent des services considérables, mais elles doivent se faire à bon escient, de façon calculée et discrète, par une personne aguerrie à la méthode. Là aussi, savoir lire les tensions musculaires valide le bien-fondé des retouches occlusales.

Un négationnisme médical

Dans leur publication scientifique[67], le professeur Dominique Belpomme et le docteur Philippe Irigaray, que l'on peut considérer comme des spécialistes français de ce sujet, évoquent les seules prothèses auditives et le stimulateur cardiaque comme facteurs de risque.

Je comprends qu'ils soient ignorants du problème occlusal dentaire, mais je trouve surprenant que les mots « prothèse dentaire » ou « reconstitution dentaire » voire « amalgame » n'apparaissent nulle part dans cette publication. Il s'agit pour les auteurs, parfaitement informés du rôle de ces matériaux dans la maladie des ondes, d'une dissimulation « scientifique » volontaire des connaissances. C'est profondément regrettable. Je laisse le soin au lecteur perspicace d'en comprendre les raisons.

67. Dominique Belpomme et Philippe Irigaray, « *Electrohypersensitivity as a Newly Identified and Characterized Neurologic Pathological Disorder: How to Diagnose, Treat, and Prevent It* », *International Journal of Molecular Sciences*, n° 6, mars 2020.

Chapitre XVI

Lunettes, bijoux, alimentation et autres coupables

« Les faits ne cessent pas d'exister parce qu'on les ignore. »
Aldous Huxley

Quand j'évoque auprès de mes patients le réseau de causalité responsable de tous ces problèmes de santé, je fais toujours la métaphore du sandwich. La tranche de pain supérieure correspond à notre environnement électromagnétique, nous y sommes tous sensibles. Celle du bas correspond à des intolérances que nous portons à l'intérieur de nous ou sur nous **en permanence** – je veux parler de nos reconstitutions dentaires, de la teinture à cheveux, d'un stérilet, d'une alliance, etc., mais aussi de certaines cicatrices. Et entre ces deux tranches, il y a la laitue, les tomates, la mayonnaise, le jambon, le fromage – je veux parler des matières que nous portons sur nous, qui vont et qui viennent, comme nos vêtements, nos lunettes, nos produits de beauté, bijoux, ou même un problème émotionnel ponctuel ou brièvement remémoré.

Toute matière, qu'elle soit matérielle ou vivante, est émettrice de champs électromagnétiques. Émotions, alimentation peuvent aussi perturber notre état de santé pour des raisons purement vibratoires. Mais nos organismes sont sensibles à bien d'autres signaux vibratoires que nous ne soupçonnons pas et qui peuvent causer autant de perturbations que les précédents.

Il ne s'agit pas d'un artéfact ou d'un épiphénomène ; c'est une réalité insoupçonnée, justement dangereuse pour cette raison. Nous n'y pensons pas, personne ne nous en parle, la médecine conventionnelle l'ignore superbement, mais notre corps, par ses réactions, nous prouve cette réalité et nous oblige à ouvrir les yeux, même chez les plus sceptiques.

La pathogénicité d'une information dépend essentiellement de deux facteurs : d'une part la sensibilité individuelle de chacun, d'autre part la durée pendant laquelle l'individu la reçoit.

Une allergie au poil de lapin, par exemple, ne se manifestera pas avec la même intensité si on passe quelques instants en présence d'un lapin, ou si on vit dans un clapier !

Il en est de même pour les intolérances, quelle que soit leur nature. Je fais donc une grande différence entre les intolérances passagères et celles auxquelles on est exposé en permanence. Une incompatibilité à une alliance portée depuis quarante ans aura un impact beaucoup plus désastreux qu'un bijou porté occasionnellement. Un grand nombre de gens portent sur eux, dans leur quotidien, des matières qui ne leur conviennent pas. Quand elles ont certains problèmes de santé, il faut toujours penser à aller voir de ce côté-là.

Les lunettes

Je commence par elles car, après la bouche, elles ont une grande part de responsabilité dans les soucis de santé évoqués dans ce livre. On entend souvent dire, notamment par les personnes électrosensibles, que les montures des lunettes, quand elles sont métalliques, ont un effet d'antenne et majorent leur électrosensibilité. Le professeur Dominique Belpomme, notamment, pour lequel j'ai le plus profond respect, conseille d'éviter les montures métalliques et de les remplacer par des montures synthétiques. Pourquoi pas ? Mais je peux affirmer, selon mon expérience quotidienne qui s'appuie sur des milliers de cas, qu'en réalité, **ce sont les verres des lunettes, leur signal électromagnétique, qui sont souvent le plus toxiques**.

Ce signal, autant que les dents, autant que l'occlusion dentaire, autant que les ondes, entraîne de fortes tensions sur le système tonique réflexe. Là aussi, il est stupéfiant que le monde médical n'ait pas compris ce fait !

Le problème ne vient pas de la correction, mais uniquement du matériau dont les verres sont constitués. En effet, tenu en main ou posé sur le plexus, l'effet est le même.

Nous savons que le rôle des yeux est de recevoir les informations électromagnétiques situées dans ce que l'on appelle le spectre de la lumière visible entre 420 THz à 750 THz, ces informations étant interprétées par le centre de la vision situé dans notre cerveau. Mais par les yeux arrivent également des signaux électromagnétiques qui ne sont pas visibles pour l'œil humain. Je cite souvent la métaphore du chasseur qui appelle son chien avec un sifflet à ultrasons : le chien entend, mais le chasseur, lui, n'entend rien. Les ultrasons ne sont pas dans le spectre auditif de l'oreille humaine, mais le sont pour le chien.

C'est ainsi que quelqu'un qui porte des lunettes qui ne lui conviennent pas, notamment au niveau des verres, verra son état de santé considérablement affaibli. Du matin au soir, quand elles sont portées en permanence, il recevra des signaux électromagnétiques délétères. Les lentilles de contact, ou les implants oculaires, quand il y a intolérance, peuvent avoir les mêmes conséquences. Il est donc indispensable de tester les montures bien sûr, mais surtout, de ne jamais oublier de tester les verres car ce sont eux, le plus souvent, les vrais responsables. Ce sont les verres dits organiques qui entraînent le plus de problèmes.

En clinique, on finit toujours par trouver, en testant différents types de verres (même organiques), ceux qui conviennent. Il est à noter que l'incompatibilité peut provenir de l'antireflet ou de l'anticasse ou d'autres produits ajoutés.

J'ai vu certaines personnes qui s'étaient enfoncées dans des problèmes de santé considérables « ressusciter » après avoir remplacé leurs anciens verres par d'autres dont on avait testé la compatibilité électromagnétique. Cet effet délétère des verres illustre parfaitement ce que je ne cesse d'expliquer à ces « non entendants » qui pensent que ce ne sont que les matériaux métalliques qui représentent un problème. À ma connaissance, les verres ne sont pas métalliques ! Tous les opticiens devraient apprendre à tester.

Déjà dans mon premier livre *Libérez-vous de ces matières parasites*[68], il y a une dizaine d'années, j'évoquais cette problématique qui, je le reconnais, est difficile à accepter tant est grande notre ignorance sur l'effet vibratoire de certains matériaux.

Les cheveux

Aujourd'hui, plus d'une femme sur deux et plus d'un homme sur dix se colorent les cheveux à l'aide de produits capillaires chimiques (avec des résultats plus ou moins convaincants, diront certaines mauvaises langues !). Que ce soit pour le plaisir de changer de tête ou pour masquer des cheveux blancs, ce sont des millions de boîtes de produits colorants qui sont vendues chaque année dans le commerce, et des millions de clientes qui franchissent les portes de leur salon de coiffure préféré pour changer de tête. Les composants des produits colorants sont variés. On y trouve par exemple p-Phénylènediamine, résorcine, diaminobenzènes, éthanolamine, ammoniaque, etc. Certains sont des irritants et allergisants avérés.

Il y a quelques années, j'avais « déparasité » au niveau dentaire une Parisienne qui devait avoir autour de 50 ans. Elle souffrait notamment de douleurs musculaires intenses et de vertiges qui l'obligeaient à rester assise ou couchée en permanence. Elle ne pouvait plus se déplacer, ni bien sûr travailler. Elle venait de Paris toujours accompagnée de son fils qui l'aidait à marcher, ce qu'elle n'aurait pas pu faire toute seule. Après quelques passages à mon cabinet toulousain, son état de santé s'était amélioré considérablement, et elle avait retrouvé une vie normale et repris son travail. Un an après environ, je reçus un appel téléphonique de sa part, et elle me dit : « Tout recommence. »

68. Éd. Guy Trédaniel éditeur, 2011.

Ne comprenant pas ce qui pouvait se passer, je l'invitai à venir me voir de nouveau à Toulouse. Elle vint quelques jours plus tard, toujours accompagnée de son fils qui la soutenait, ses vertiges et douleurs l'empêchant de se déplacer normalement. Je testai bien sûr ce qu'elle avait dans la bouche, pour le cas où j'aurais fait une erreur dans le choix des matériaux que je lui avais posés un an auparavant, mais tout était normal. Pourtant, quand je la regardais, quelque chose me paraissait différent et je lui dis : « Vous avez changé de coiffure ? » Elle me regarda, les yeux grands ouverts, portant sa main à la bouche et dit alors : « Oh mon Dieu, vous croyez ? » En fait, elle avait fait en quelques secondes, bien avant moi, la relation entre sa nouvelle coloration des cheveux et l'apparition quasi immédiate de ses problèmes de santé. Je lui coupai alors une petite mèche, et on s'aperçut ensemble qu'elle avait une réponse violente à sa teinture. Sa réaction fut immédiate, elle appela son fils, me murmura qu'elle allait revenir et disparut. Dans l'après-midi, quelle ne fut pas ma stupéfaction quand je la vis dans ma salle d'attente la tête complètement rasée... mais avec un sourire radieux. Tous ses problèmes avaient disparu !

C'est depuis cette leçon que je teste systématiquement les « couleurs » de mes patientes. Quand des intolérances se révèlent, je leur conseille d'avoir les cheveux courts pour que l'information ne passe pas par le cou, et parallèlement de faire quotidiennement un shampooing à l'argile pour éliminer les substances toxiques qu'ils contiennent. Bien sûr, elles pourront par la suite se teindre à nouveau les cheveux, mais après avoir testé leur compatibilité électromagnétique avec le nouveau produit.

Le nombre de personnes – bien sûr, surtout les femmes – qui sont concernées est extrêmement important. J'ai constaté régulièrement des améliorations de santé très sensibles lorsque ces patientes prenaient les choses en main comme je viens de l'indiquer. J'ajouterai que parfois, quand elles sont intolérantes, elles me disent : « Mais docteur, c'est un produit naturel, c'est une teinture bio ! » Je leur réponds systématiquement avec un sourire : « Bien sûr, Madame, il y a aussi du bio diesel ! » Ce n'est qu'en testant que l'on peut savoir si un produit nous convient, et non en lisant une étiquette !

En cause, notamment, la présence de deux substances colorantes. La *p*-aminophénol, qui a été placée sur la liste des molécules « suspectées de causer des défauts génétiques » par l'Agence de l'Union européenne chargée de l'enregistrement des substances chimiques. Mais aussi le résorcinol, que l'Agence de protection de l'environnement estime être un perturbateur endocrinien possible.

Ces deux composants se trouvent également être des allergènes. C'est aussi le cas de la *p*-phénylènediamine, aussi connue sous le nom de PPD et présente dans certaines teintures capillaires. Même si la concentration de ces trois substances n'excède pas le taux maximum fixé par la loi, les responsables des tests mettent en avant un éventuel risque lié à une exposition répétée.

Parmi ces produits figurent donc les retardateurs de flamme dont l'utilisation est devenue commune dans les années 1970. Ces perturbateurs endocriniens neurotoxiques et cancérigènes se retrouvent dans certains textiles et mousses des canapés ou des literies.

D'où l'importance de choisir des matelas avec des écolabels, sans traitement retardateur de flammes et des textiles qui ont des écolabels pour les bébés et les nourrissons !

L'émotionnel

Un autre responsable, mal compris par le monde des électrosensibles, est le **problème émotionnel**, notamment celui de la peur entraînée par les médias et Internet au sujet de tous les objets connectés et émetteurs – Wi-Fi, téléphones portables, compteurs Linky, et même maintenant la 5G. Quand je teste mes patients à l'effet du Wi-Fi, je les mets devant l'ordinateur et pratique des tests d'amplitude des mouvements articulaires sans que le sujet sache si le système est en mode avion ou pas. Il arrive parfois que certaines personnes limitent l'amplitude du mouvement quand le Wi-Fi est coupé, croyant qu'il est allumé, et se débloquent alors que je l'allume, pensant que je l'ai coupé. C'est alors l'idée de la chose plus que la chose elle-même qui est responsable de tensions toniques réflexes. Il peut ainsi réellement y avoir, dans la maladie des ondes, un effet nocebo.

En tant que spécialiste de l'hyperélectrosensibilité, je suis souvent allé à Paris à la demande d'associations pour tester des personnes électrosensibles à l'effet sur leur santé des compteurs Linky. J'ai le souvenir de cette personne d'une cinquantaine d'années qui, croyant que le compteur Linky était activé pendant que je la testais, s'était mise à trembler comme une feuille morte, et se calma immédiatement quand elle crut qu'on l'avait débranché, alors qu'en réalité on venait de le brancher. Tout cela était filmé. C'était en 2019. Là aussi, l'idée qu'elle se faisait de la chose était plus importante que la chose elle-même. Cependant, ne caricaturons pas mon discours. Les autres, une vingtaine, étaient réellement sensibles à l'effet du compteur Linky.

Les EHS n'aiment pas qu'on leur dise qu'il existe un facteur venant de l'esprit dans leur problématique de santé. Ils ont ainsi l'impression que l'on reprend l'argument massif et simpliste des autorités médicales pour expliquer le SICEM. Je veux dire simplement que le facteur émotionnel peut être un des cofacteurs, avec d'autres, de la maladie des ondes. Pour le dire autrement, l'émotionnel n'est pas responsable de l'hyperélectrosensibilité comme voudrait le démontrer la recherche de la médecine officielle. Mais il est indéniable que parfois, il y a sa place chez certaines personnes. Le nier ne serait pas responsable quand on veut comprendre une problématique de santé multifactorielle.

Il est toujours difficile de comprendre pourquoi le psychisme, immatériel par nature, peut entraîner des problèmes de santé. On accepte facilement le fait que des angoisses, des dépressions, des stress, puissent survenir à la suite d'un choc affectif. En revanche, comment expliquer que des troubles physiques, structurels, puissent en être la conséquence ?

Beaucoup d'éléments entrent en jeu – la nature du stress, son intensité, sa durée, la santé de la personne qui le subit, son passé, etc. On sait aujourd'hui que toutes nos émotions, positives ou négatives, activent le système nerveux sympathique et parasympathique.

Dans ce contexte, les transformations chimiques et biologiques se font en accéléré et la demande d'énergie est accrue. Le cœur s'accélère, le sang circule plus vite, les poumons prennent plus d'air. La liste est longue : mains moites, bouche sèche, difficulté à avaler, mauvaise haleine, diminution ou augmentation de l'appétit, nausées, vomissements, diarrhée, constipation, visage crispé, ballonnements, gonflements, flatulences, éruptions cutanées, transpiration plus abondante, palpitations cardiaques, maux de dos, douleurs musculaires, douleurs articulaires, tics nerveux, bégaiement mineur, tremblement des paupières, doigts et pieds agités, grincement des dents, grippes et rhumes fréquents, syndrome prémenstruel, pertes de mémoire, etc.

Les neurosciences nous amènent aujourd'hui des éléments nouveaux pour mieux comprendre la nature de ces phénomènes. Elles mettent en évidence que toute pensée, toute action a pour point de départ des modifications électriques et magnétiques dans notre cerveau. Selon le Centre d'études sur le stress humain (CESH) de l'Institut universitaire en santé mentale de Montréal, les stresseurs psychologiques correspondent à des événements, situations, dangers, ou tout commentaire interprétable négativement. Selon Beck, père de la thérapie cognitivo-comportementale, les problèmes individuels dont les troubles émotionnels découlent en grande partie de certaines distorsions de la réalité, fondées sur des hypothèses erronées. L'interprétation qui s'ensuit est généralement en lien avec la réalité de vie construite au travers du parcours de vie. Il ne fait aucun doute, pour moi, que certaines pensées négatives auto-informent le corps de façon vibratoire et causent des tensions sur le système musculaire tonique réflexe, parasitant le système nerveux neurovégétatif. Au contraire, des pensées positives auront des conséquences favorables. Ainsi, toute situation, même banale ou irréelle, peut être interprétée comme une menace, et provoquer une cascade neuro-endocrino-immunologique, comme si le danger existait vraiment.

L'émotionnel doit cependant être manié avec beaucoup de précautions. Je considère qu'on a tendance à le mettre beaucoup trop en avant dans un grand nombre de troubles de santé mal étiquetés par la médecine officielle. C'est le cas notamment dans la problématique de l'hyperélectrosensibilité, de la fibromyalgie ou de la fatigue chronique. L'émotionnel oui, mais à sa juste place ! Il est trop facile, quand on ne comprend pas « le pourquoi des choses », de dire que c'est psychogène. On fabrique alors une réponse qui n'apporte pas de solution. C'est un peu un joker dans un jeu de cartes qui nous empêche d'aller chercher plus loin. Dans un grand nombre de maladies dites idiopathiques, c'est-à-dire sans causes connues, c'est ce mot, « psychosomatique », qui est la dernière réponse, mais elle est souvent erronée.

L'alimentation

Au cours d'une vie, nous prenons autour de 100 000 repas, sans compter les grignotages divers et variés. L'apport nutritionnel représente une clé du bien-vivre dans tous les sens du terme.

L'alimentation aujourd'hui n'a plus rien à voir avec ce qu'elle était il y a ne serait-ce qu'une cinquantaine d'années. Aujourd'hui, nous sommes gavés de produits raffinés, d'additifs, de sucres, de graisses trans, et pour la plupart d'entre nous, nous avalons tout sans nous poser de questions. Il ne fait aucun doute que la plupart de ce que nous avalons est plus ou moins pollué par une variété de produits chimiques, chargé en hormones, en métaux lourds, etc. Pourtant, quand on va à la pompe faire le plein, on pense à mettre la meilleure essence dans son véhicule et on n'oublie pas les vidanges et révisions, finalement on prend plus soin de sa voiture que de sa vie. Le docteur Jean-Pierre Willem explique ainsi que « l'homme est passé du statut de "chasseur-cueilleur" à celui très louable de "cultivateur-récolteur-éleveur" ; aujourd'hui on déplore celui de "transformateur-pollueur"[69] ».

C'est une évidence aujourd'hui, et les preuves scientifiques s'accumulent pour souligner que notre alimentation n'est plus adaptée à notre organisme. Toutes sortes de produits naturels ou de synthèse sont régulièrement employés dans l'industrie alimentaire, depuis les engrais des terres de culture, et les anabolisants, antibiotiques

69. Jean-Pierre Willem, « Une grenade dégoupillée dans votre assiette », site du docteur Willem, mars 2018.

et vaccins chez les animaux de consommation, jusqu'aux additifs antioxydants, colorants, émulsifiants ou autres conservateurs... Il est difficile de discerner dans toutes ces molécules celles qui sont causes de troubles et celles qui ne le sont pas. Un peu ou beaucoup de ces molécules se retrouvent sur les « beaux » fruits et légumes de nos étalages ; la méfiance est donc de rigueur... Les conséquences de ces pollutions sont une augmentation impressionnante de la prévalence des allergies et intolérances alimentaires.

J'ai connaissance de beaucoup de personnes qui sont sorties de l'enfer électromagnétique rien qu'en modifiant leur alimentation. Parfois même en pratiquant des jeûnes ! Le monde médical a aujourd'hui compris que ce qu'on appelle le microbiote, c'est-à-dire l'ensemble des micro-organismes constituant la flore intestinale, représente un élément très important de notre état de santé. Nous savons qu'aujourd'hui, 85 % de la population mondiale présente par exemple des états de constipation, ou pour le moins des dérangements intestinaux avec des gaz, mais aussi des symptômes neurologiques, comme des céphalées, des pensées confuses ou des pertes de mémoire et toujours de la fatigue.

Quand on n'a pas certaines enzymes qui permettent une bonne digestion des aliments, tous ceux qui ne sont pas digérés correctement vont fermenter, se putréfier et entraîner à la longue un déséquilibre de ce milieu intestinal.

Les EHS devraient systématiquement, pour éviter d'avoir des flores de fermentation ou de putréfaction, supprimer les sucres de leur alimentation, les produits laitiers, voire le pain, et aussi l'excès de protéines, je veux parler notamment de la viande.

Les intolérances, nommées aussi hypersensibilité alimentaire, sont plus chroniques, plus sournoises et plus difficiles à diagnostiquer qu'une allergie alimentaire classique.

Les symptômes sont très variables mais ne peuvent pas être facilement confondus avec ceux de l'allergie classique car la réponse de l'organisme se déroule à bas bruit sur une période prolongée dans le temps, pendant des années, voire pendant toute une vie. La réaction du corps n'est pas immédiate. L'intolérance alimentaire peut être provoquée par des composés chimiques liés à de grandes variétés d'aliments, aussi bien d'origine animale que végétale, présents également dans les additifs, conservateurs, colorants et exhausteurs de goût. Certaines enzymes peuvent ne pas remplir leur fonction digestive correctement, comme en cas d'absence de la lactase, l'enzyme qui permet la digestion du lactose (le sucre du lait). On sera alors en présence d'intolérance aux produits laitiers.

De la même façon, on détecte de plus en plus d'intolérances au gluten. Cette sensibilité au gluten se traduit par une affection chronique inflammatoire de l'intestin grêle. La personne réagit après l'ingestion de gluten, une protéine présente dans le blé, l'orge et le seigle.

Mais on oublie trop souvent qu'à part ces deux derniers exemples souvent cités, un grand nombre d'aliments sont aujourd'hui mal supportés, par exemple les pommes de terre, les œufs, le soja, certains fruits, les oranges et agrumes, le thé, le café, le maïs, les huiles, le vin, le sucre, les champignons, le chocolat, le riz, etc.

Pour le thérapeute, il est indispensable de n'avoir aucun *a priori*. L'anamnèse jouera un grand rôle pour établir un diagnostic, notamment en permettant de connaître les habitudes alimentaires du patient.

Le système digestif sera le premier touché par les processus inflammatoires. Survenant sur toute la longueur de l'intestin grêle, les symptômes varient d'une personne à l'autre et peuvent inclure problèmes gastro-intestinaux, ventre gonflé, flatulences accompagnées de diarrhée ou de constipation, douleurs articulaires, fatigue, problèmes de peau (eczéma, psoriasis), symptômes sinusaux, migraines, souvent un état dépressif et dans les cas extrêmes, la maladie cœliaque. On estime que 15 à 20 % de la population française souffrent de problèmes de santé qu'on ne pense pas toujours relier à l'alimentation et qui sont pourtant dus à des intolérances alimentaires.

Tester l'alimentation pourra alors être d'un immense bénéfice pour la santé des personnes concernées.

L'étude de la flore intestinale permet d'investiguer de façon précise et instrumentalisée le fonctionnement de notre système digestif. C'est un élément important à considérer. Nous avons régulièrement assisté à de fortes améliorations du confort de vie de patients électrosensibles et chimicosensibles en rééquilibrant leur flore intestinale, d'un point de vue quantitatif bien sûr, mais encore plus d'un point de vue qualitatif.

Les cicatrices

Après une blessure ou une opération chirurgicale, une cicatrice se forme sur la peau. La qualité de la « réparation » dépend de sa taille, de sa situation et de son évolution initiale. Traces d'une blessure, d'un accident ou d'une intervention chirurgicale, les cicatrices sont de taille, de couleur, d'épaisseur et de profondeur différentes.

Certaines personnes se plaignent d'être fatiguées, épuisées, sans raison apparente, mis à part le temps, la déprime, la fatalité ; elles se sentent comme vidées. En présence de cicatrices, il faut les tester comme on le fait pour d'autres incompatibilités possibles car ces marques peuvent avoir des conséquences énergétiques très importantes. Les cicatrices peuvent provoquer des champs de perturbation. Le tissu cicatriciel est seulement un tissu de substitution. D'une part, la circulation sanguine et la transmission d'impulsions à travers le tissu nerveux peuvent être réduites, et de l'autre, il en va de même pour la transmission d'informations à travers les méridiens.

Il faut savoir que l'effet délétère d'une cicatrice dépend autant de sa situation que de sa taille, et il ne faut pas se fier à leur aspect visuel.

On investiguera toujours les cicatrices dues à des césariennes et épisiotomies, des appendicites, des opérations de hernies inguinales, des chirurgies osseuses pour fracture, des hernies discales, des chirurgies réparatrices de tendons, chirurgies réparatrices après cancer du sein, par exemple, ou une pose de prothèses (genou, hanche et autres). Chez les personnes d'un certain âge, on n'oubliera pas les cicatrices conséquences de vieilles vaccinations comme celle du BCG ou de la variole.

Certaines sont minuscules, comme celle d'une péridurale, d'une rachianesthésie ou accompagnant les opérations comme les cœlioscopies, les cicatrices cachées des opérations esthétiques et les autres cicatrices comme les infiltrations, ponctions lombaires, etc.

Certaines cicatrices chéloïdes n'entraîneront aucune conséquence, mais d'autres, plus insignifiantes, seront extrêmement délétères. Curieusement, il peut y avoir dans une même cicatrice une zone pathologique et une qui ne l'est pas. Bien sûr, quand une personne a plusieurs cicatrices toxiques, les conséquences sur sa santé peuvent être cataclysmiques. Une personne peut avoir subi une césarienne ou deux, une appendicite, une plastie mammaire et, pour faire bon poids, une intervention chirurgicale pour un problème de varices. Une telle accumulation ne peut pas être bénigne sur le plan énergétique.

On commence, dans les médecines alternatives, à prendre la mesure de la dangerosité pour notre santé de certaines cicatrices.

Les bijoux et les stérilets

Je pense que tous les hyperélectrosensibles ont déjà compris qu'il fallait éviter de porter certains bijoux, certains parce qu'ils en ont ressenti la nécessité par eux-mêmes, d'autres parce qu'ils en ont entendu parler, et beaucoup aussi parce que, après m'avoir consulté, c'était devenu une évidence. Ce qui est vrai pour les bijoux l'est également pour les stérilets. La présence de stérilet peut participer à la problématique de l'hyperélectrosensibilité.

J'ai le souvenir de cette dame venant du Massif central qui m'avait été confiée par son médecin, qui, ne sachant plus quoi penser de son état, avait fini par se demander si elle n'était pas électrosensible. Elle ne dormait plus, se sentait dans un état d'épuisement tel qu'elle restait cloîtrée chez elle. Tous les chemins avaient été explorés pour pouvoir l'aider, mais sans succès. Lors de ma consultation, je la regardai sous tous les angles. Elle présentait une camisole de tensions toniques. En bouche, il n'y avait pas de problème, tous les tests que je pratiquais m'amenaient pourtant vers une piste électromagnétique. Elle ne portait pas de bijoux, si ce n'est une banale alliance en or à la main gauche. À tout hasard, sans trop y croire, je lui demandai de la retirer. Cela faisait trente ans qu'elle la portait. Elle avait grossi, elle ne savait pas si elle arriverait à l'enlever. Après avoir travaillé un bon quart d'heure sous le robinet en s'aidant de savon, elle y parvint enfin. Quelques secondes plus tard, elle fut prise de sanglots et d'une violente crise de larmes. Que pouvait-il bien se passer ? Cette bague avait peut-être une histoire, et l'enlever remuait des souvenirs douloureux. Quand elle fut calmée, je lui demandai ce qui s'était passé et elle me dit ces mots que je n'oublierai jamais : « Je viens de sortir de prison. » Mais sa prison n'était pas un enfermement symbolique (celui de son mariage), c'était celui de la camisole de tensions induites par le signal électromagnétique de cette alliance. Elle était en fait prisonnière de son système tonique réflexe depuis trente ans. Elle n'était plus EHS.

Son alliance était en or, et l'on croit souvent que l'or ne peut pas entraîner de problèmes. C'est inexact. L'or des bijoux est en réalité un alliage, et le signal électromagnétique dépend de cet alliage. Une bague peut convenir ou ne pas convenir selon les matériaux qui la constituent.

Chapitre XVII

Accepter les faits

« À la source de toute connaissance, il y a une idée, une pensée, puis l'expérience vient confirmer l'idée. »
Claude Bernard

Beaucoup se sont étonnés qu'un docteur en chirurgie dentaire, qui est un médecin de la bouche et des dents, s'occupe de problèmes de santé si loin, apparemment, de sa spécialité. Et plus particulièrement de ceux qui font l'objet de ce livre. L'histoire est simple, mais je vais vous la résumer ultérieurement.

J'ai d'abord été un chirurgien-dentiste généraliste, puis je suis devenu un chirurgien-dentiste occlusodontiste (spécialisé dans l'occlusion dentaire). Cette spécialité m'a entraîné à sortir de la bouche pour m'intéresser aux conséquences à distance de ce que l'on appelle le problème occlusal dentaire, que j'évoque dans les chapitres précédents. La suite logique fut de passer un diplôme universitaire de posturologie, qui me fit devenir ce qu'on peut appeler un posturodentiste. C'est ainsi que le dentiste que j'étais a rencontré le posturologue que je suis devenu. Ces nouvelles connaissances m'ont jeté à la figure l'incroyable ignorance du monde médical quant à certains problèmes de santé venant de la bouche et des dents. Je dis souvent en riant qu'un médecin vous regardera tous les trous mais ne vous fera jamais ouvrir la bouche, à part pour vous regarder les amygdales !
Je ne suis pas « haut perché », encore moins un donneur de leçons. Tous les livres que j'ai écrits, comme celui-là, ne le sont que dans le but de partager des connaissances qui s'appuient sur une expérience. C'est cette dernière qui a renforcé ma connaissance. L'une n'est rien sans l'autre.

Cela fait vingt ans maintenant que je travaille dans ce monde-là, des milliers de patients sont passés entre mes mains. La plupart d'entre eux s'en sont portés considérablement mieux, en appliquant les mêmes règles – notamment pour les hyperélectrosensibles et ceux dits fibromyalgiques – que celles que j'explique dans ce livre. Beaucoup sont revenus à une vie normale après des années de galère et après avoir tout essayé en passant par les médecines conventionnelles. J'ai reçu des centaines de messages spontanés depuis ces dernières années. Ils vont tous dans le même sens, celui d'une forte amélioration d'un état de santé à la suite de l'application de ma « méthode ».

Ces quatre témoignages (parmi des centaines) sont livrés dans toute leur vérité, tels que je les ai reçus ; ils n'ont pas été choisis parce qu'ils sont plus forts ou plus intéressants que d'autres, mais seulement parce que ce sont les derniers que j'ai reçus. Les remerciements et autres gratifications qui m'étaient adressés en fin de lettre ont été supprimés. Vous pouvez en trouver un très grand nombre équivalents en visitant mon site Internet. Les noms, adresses, numéros de téléphone de tous ces patients sont à la disposition de toute personne du monde médical (répondant à la législation sur le secret médical) qui en ferait la demande.

Cher Docteur Dieuzaide,

Je tenais à vous témoigner toute ma gratitude pour l'aide précieuse que vous m'avez apportée. Au moment de notre rencontre, en janvier 2017, j'étais dans un état de santé lamentable. Je souffrais depuis longtemps de douleurs intenses de névralgie faciale, majorées par une hypersensibilité aux ondes électromagnétiques. Malgré toutes mes tentatives de soins, ma santé continuait à se dégrader, avec des douleurs qui devenaient insupportables. Vous avez alors diagnostiqué le port de matériaux qui ne me convenaient pas dans mon alliance… Vous avez également mis en évidence la présence de nombreux composants incompatibles en bouche (à la suite de divers traitements dentaires). L'effet de leur extraction a été immédiat et spectaculaire : l'arrêt immédiat des douleurs ! Aujourd'hui, je mesure avec le recul à quel point je vous dois l'équilibre de vie que je connais aujourd'hui. Je vous en suis infiniment reconnaissant à titre personnel mais aussi au nom de tous les patients que vous avez pu accompagner. Vous poursuivez une œuvre qui devrait être reconnue d'utilité publique ! Puissiez-vous en être infiniment remercié.

Marc

Docteur,

Je viens apporter mon témoignage pour encourager les électrosensibles à se faire soigner les dents et pas n'importe comment. Je suis allée chez trois dentistes qui n'avaient rien à signaler. Par miracle, j'ai été mise sur le chemin du docteur Dieuzaide. Lorsque je suis venue à son cabinet pour commencer les soins, j'étais très mal. Venant de Vendée, j'ai fait un arrêt à Pessac dans une des dix-huit pharmacies où a été mis en place par le CHU de Bordeaux un programme de dépistage prévention et sensibilisation aux AVC. Je me suis portée volontaire pour faire le test qui a donné pour résultat une arythmie et une probable fibrillation auriculaire. La pharmacienne m'a dit de repartir directement chez moi et de consulter un cardiologue. J'ai décidé de continuer vers Toulouse où je suis arrivée très faible. Le docteur Dieuzaide m'a alors enlevé d'urgence quelques dents en céramique après les avoir testées, ainsi qu'une dent sur pivot. Là, c'est la délivrance ! Je vais mieux. Suite à cela, je suis allée faire un bilan cardiologique à la clinique Pasteur de Toulouse et là, grand bonheur, tout est rentré dans l'ordre. Je retrouve l'énergie que j'avais perdue.
Le docteur Dieuzaide a testé différents types de céramique avant de trouver celle qui me convenait. Il a ainsi trouvé une marque de céramique qui me convenait. Il a été également très attentif à l'occlusion dentaire. Grâce à ses soins, je n'ai plus la tête comme dans un étau. Je vivais depuis dix-huit mois sans électricité. Je ne faisais plus mes courses dans les magasins, n'avais plus de vie sociale. Pour moi, maintenant, tout cela est du passé. En avril 2018, j'avais été hospitalisée en urgence par manque d'oxygène à cause de mes crises d'asthme, et lorsque j'ai dit que j'étais électrosensible, on a voulu me mettre sous traitement psychiatrique, que j'ai refusé. Suite à cela,

mon médecin traitant a donné ordre à sa secrétaire de ne plus me donner de rendez-vous. De plus, j'étais devenue chimicosensible, donc une grande incomprise du corps médical. Je ne trouve pas les mots pour remercier le docteur Dieuzaide. En désespoir de cause, je passais mon temps chez les ostéopathes, les kinés, les naturopathes, les énergéticiens, sans résultat. Mon corps était bloqué et ma vie avec. C'est un grand privilège que d'avoir été soignée...

Françoise

Cher Docteur,

Il est temps pour moi aujourd'hui de vous envoyer cette petite lettre. Si je voulais la résumer en un seul mot, ce serait : **gratitude**. *Aujourd'hui, Je suis presque arrivée au bout de mes soins chez le dentiste. Je suis venue vous consulter il y a presque deux ans, je pense. Votre conclusion au terme de la consultation était que j'étais électrohypersensible et chimicosensible et que je devais, à peu de chose près, refaire toute ma bouche, les matériaux de mes reconstitutions dentaires étant responsables de mes problèmes de santé. Je me souviens très bien que vous m'aviez dit : ‹ Lorsque ce sera fait, vous ne serez plus la même personne ! › Étant au bout du rouleau, il était difficile pour moi de m'enthousiasmer, mais une petite voix m'a dit à ce moment : ‹ Qu'est-ce que tu as à perdre ? › D'autant plus que vous m'inspiriez confiance. J'ai donc décidé de me lancer dans l'aventure. J'étais, sans exagérer, dans un piteux état. Je n'aime pas parler des maladies anciennes, car j'ai pour principe qu'elles font partie du passé et que le ressasser ne me nourrit pas. J'en parle aujourd'hui bien volontiers ; mon témoignage pourrait redonner courage ainsi que des perspectives de* **réel mieux-être** *à certaines personnes qui pourraient se reconnaître dans mon histoire. Pour information, à l'âge de 18 ans, je n'avais déjà plus que la moitié de mes dents saines, le reste étant soigné avec différents types de matériaux. Je suis allée le consulter la première fois à l'âge de 14 ans. C'est à cette période que mes soucis de santé ont commencé : je vous les épargne, car ce serait vraiment long.*

Voici quand même le détail de l'état dans lequel j'étais lorsque je vous ai rencontré pour la première fois. Venir consulter en train, de la Belgique à Toulouse, était presque au-delà de mes forces, car je n'avais aucune énergie et aucune résistance. Pour vous donner une idée de mon niveau d'énergie : m'occuper et prendre du bon temps avec mes deux petites filles, âgées de 1 an et 3 ans, m'était impossible pour plus de deux heures. J'en étais désespérée, d'autant plus que mon entourage ne le comprenait pas toujours. À cette période, je n'arrivais qu'à dormir deux à trois heures par nuit. Mes fonctions cognitives étaient très faibles, avec grosses difficultés de concentration, si bien que répondre à vos quelques questions me fatiguait énormément et prenait aussi beaucoup de temps. Mon système digestif était si fragile et faisait grève bien souvent, avec toutes les conséquences que l'on peut imaginer. J'aime autant vous dire que ce n'est pas parce que je faisais des écarts alimentaires : toute ma vie, j'ai dû faire attention à ce que je mangeais – régime sans gluten, sans produits laitiers (yaourts, fromages, glaces, crème fraîche...). Mon foie n'acceptait rien qui aurait pu le surcharger. J'avais énormément de crampes malgré les efforts alimentaires, les séances de yoga, de stretching et autres techniques de bien-être... Bien souvent, j'avais des vertiges ou plutôt des problèmes d'équilibre, un peu comme une personne qui aurait bu, si bien que je devais quelquefois me faire aider par mon mari pour certains déplacements en voiture.
Qu'en est-il aujourd'hui ?
Je vais avoir 60 ans, et je ne suis plus la même personne, pour mon plus grand bonheur, celui de mon époux et de mon entourage. Je dors la nuit, et quel cadeau ! J'ai en moyenne des nuits de six à sept heures de sommeil. Je peux répondre au pied levé à une invitation d'une amie, sans devoir calculer. Je peux me rendre en avion en Bretagne pour profiter de mes petites filles pendant quatre jours. J'ai commencé l'équitation, et j'en profite pleinement : j'ai maintenant le tonus nécessaire, et je le vis... sans crampes. Je peux me rendre en ville et passer deux nuits à l'hôtel en restant en forme. Je peux travailler plusieurs heures sur ordinateur ; j'ai néanmoins suivi dans la mesure du possible tous vos conseils concernant les aménagements à faire et les précautions à prendre pour subir le moins possible toutes ces perturbations électromagnétiques. Je peux me permettre certains

écarts alimentaires, aller au restaurant ; j'ai réintégré le fromage de chèvre, et je mange de temps à autre de la glace au lait de chèvre. Je ne touche pas au gluten ; j'ai fait quelques petits essais, et cela ne me convient plus du tout. Je préfère rester en forme ! D'autant plus que je remarque que, maintenant que je suis sevrée, je n'en ai plus envie. Bref, ma vie a plus de saveur sur tous les plans, tout en sachant que je dois rester prudente. À cet instant, j'ai une pensée emplie de gratitude pour vous, Docteur Dieuzaide, mais aussi pour ma dentiste, qui m'a accompagnée selon vos indications dans cette aventure avec tant de patience, d'écoute et de professionnalisme...

Mireille, mariée à Albert, trois enfants,
chef d'entreprise retraitée

Bonjour,

Je m'appelle Julien, j'ai 32 ans et je suis électrosensible depuis 2010. Mon électrosensibilité s'est fortement aggravée en juin 2015 par la pose de deux nouveaux amalgames dentaires... Mes symptômes ont pris une tournure dramatique en septembre 2015, avec des raideurs cervicales violentes, une aggravation de mes acouphènes – dont je souffre depuis 2010. Un mois après la pose d'un amalgame, j'ai commencé à avoir des vertiges, des troubles oculomoteurs, une forte tension dans la cuisse droite, l'index de ma main droite bloqué voire douloureux au mouvement, et une aggravation d'un œdème maculaire qui s'était lui aussi déclaré en 2010, un mois après la pose de l'amalgame dont je viens de parler... Je pensais que cet œdème était une complication d'une maladie génétique appelée rétinite pigmentaire dont je souffre depuis 1999 (rétrécissement du champ visuel) alors que c'était bel et bien lié à l'incompatibilité électromagnétique des amalgames posés au fur et à mesure depuis plusieurs années...
J'ai pris connaissance des travaux du docteur Dieuzaide assez rapidement, écartant la piste des métaux lourds dans un premier temps, surtout en ayant lu sa chronique « Vous avez dit mercure ! » Je l'ai consulté en novembre 2015 et les tests de posturologies étaient

sans appel : en touchant un des amalgames de l'index de ma main gauche et en levant après la jambe gauche, j'avais un déficit de 15 cm environ au niveau de cette jambe !
Ne trouvant pas de dentiste sensibilisé à cette problématique, je décide donc de les faire enlever par le docteur Dieuzaide lui-même, avec les précautions habituelles. Le total des six amalgames sera retiré mais avec deux ans de retard pour les deux derniers. Il m'en avait enlevé quatre en mars 2016 et j'avais eu une petite amélioration mais totalement insuffisante. Malgré tout, j'ai remarqué la disparition de ma tension à la jambe droite, de ma douleur à l'index droit, et d'un psoriasis en juillet 2016 que je traitais depuis longtemps avec une lotion deux fois par semaine, ce qui n'est plus le cas aujourd'hui. Alors pourquoi avoir attendu deux ans pour faire retirer les deux derniers que j'avais encore en bouche ? D'autant que j'en avais encore la possibilité financière… Tout simplement parce que, malgré la lecture plutôt convaincante de la chronique du docteur Dieuzaide sur le mercure, ma peur était entretenue par des messages présents sur divers forums que je ne citerai pas, alertant que je risquais une aggravation terrible voire un décès probable par AVC. Non, non, je ne plaisante pas ! Diverses personnes mal intentionnées qui faisaient partie de mes contacts sur ces divers forums ou autres sites associatifs m'avaient sommé de ne plus toucher à ce qu'il me restait en bouche, à cause de la dangerosité du mercure échauffé par le fraisage. Je leur dois deux ans de ma vie où j'ai raté pas mal d'occasions dans ma vie sociale, affective et professionnelle… Le docteur Dieuzaide m'avait pourtant bien dit que ça n'irait pas vraiment mieux tant que l'information électromagnétique de l'amalgame, même infime, serait présente…
J'ai donc pris la décision de faire face à mes peurs et de ne plus écouter les discours alarmistes. J'ai finalement fait enlever ces deux dernières bombes électromagnétiques en mars 2018, toujours par le docteur Dieuzaide, et je ne le regrette pas !
À ce jour, je dirais que mes symptômes ont baissé d'environ 50 % depuis 2016, avec une amélioration de mes raideurs cervicales, de mes acouphènes. De plus, je n'ai presque plus de vertiges dans les endroits pollués par les ondes, j'ai constaté une baisse de mes troubles oculomoteurs et une diminution de mon œdème rétinien.

Je sens clairement une différence, flagrante certains jours, et j'en suis ravi.
Tout n'est pas résolu pour autant, mais je pense avoir de nouvelles améliorations dans les semaines ou mois à venir, le temps que mon corps reprenne ses marques. Je repense à mon psoriasis, qui avait disparu quatre mois après le retrait de mes quatre premiers amalgames en 2016, or je ne faisais pas de régime alimentaire particulier et n'étais sous aucun traitement à cette époque, donc j'en conclus que cela venait bien de la dépose !
Mon témoignage sert à dire aux personnes souffrant d'électrosensibilité de faire confiance au docteur Dieuzaide et de ne pas hésiter à effectuer les soins qu'il recommande, au lieu de céder à des peurs injustifiées qui sèment parfois le trouble : cette action peut changer votre vie !

Merci au docteur Dieuzaide de soulager un grand nombre de personnes malades avec sa méthode qui doit être connue de tous, surtout dans le brouillard électromagnétique dans lequel nous baignons à ce jour !

Cordialement,
Julien E.

Il est intéressant, quand on lit ces témoignages, comme beaucoup d'autres d'ailleurs, de remarquer que ces patients évoquent souvent le déparasitage pratiqué en bouche, mais ils oublient tout le reste. Je veux parler des lunettes qui ont été changées, des cicatrices qui ont été « nettoyées », de leur alimentation que je leur ai fait modifier, des teintures de cheveux pour les femmes, et de bien d'autres choses. En un mot, tout ce dont je parle dans cet ouvrage.

Il est vrai que l'on retient plus facilement les travaux dentaires que le fait de changer les verres de lunettes ! Pourtant, ces améliorations de santé sont dues à un ensemble de gestes, et non pas un acte isolé. Il faut bien accepter cependant que selon les cas, il peut y avoir une hiérarchie. La problématique alimentaire, par exemple, peut être dominante, et le fait de s'en occuper rapportera davantage que le fait d'intervenir sur les dents. Mais parfois, le simple fait d'enlever une couronne, un composite ou un amalgame suffira à ramener la santé chez quelqu'un qui l'avait perdue.

Toutefois, l'amélioration sera la plus avérée et complète seulement quand l'ensemble des interventions nécessaires auront été accomplies, à tous les niveaux.

Les faits

Pour éviter les descriptions indigestes, je résumerai en disant qu'un posturologue est un chasseur de tensions : il doit les mettre en évidence, estimer leur importance, les reconnaître et comprendre pourquoi elles existent, d'où elles viennent. Il doit également avoir cette conscience qu'elles ne sont que **la partie visible de l'iceberg**, la partie dissimulée étant les dysfonctionnements de l'ensemble du système nerveux autonome.

Mon activité professionnelle depuis quelques années n'est plus de pratiquer des soins dentaires, mais uniquement de faire des bilans de santé sur des personnes qui sont hyperélectrosensibles, fibromyalgiques ou fatiguées chroniques, afin de leur amener des solutions concrètes et rapides. Vous avez compris que pour moi, ces problématiques de santé sont, sinon tout à fait la même chose, du moins extrêmement voisines. Elles ont les mêmes causes. Mon expérience m'a démontré que dans l'une comme dans l'autre, les pratiques qui sont les miennes amènent à des améliorations de santé qui sont considérables.

Les bilans

J'ai déjà parlé de l'importance que je donne à l'anamnèse, que je mène à la façon d'un inspecteur de police, pour essayer de trouver le coupable et les complices des pathologies dont souffrent mes patients.

Il est important dès le départ de partir sans aucun préjugé. J'essaye de mettre en évidence des tensions sur le système tonique réflexe en pratiquant des tests d'amplitude des mouvements articulaires et autres tests, tels qu'on les pratique en posturologie. J'ai déjà beaucoup écrit sur leur nature, et je conseille au lecteur qui serait intéressé, pour les connaître, de se référer notamment à mon livre *Testing thérapie* aux éditions Dangles.

Des conclusions sans appel

Je peux affirmer que la très grande majorité des personnes qui sont dites « hyperélectrosensibles », comme celles qui sont dites fibromyalgiques ou fatiguées chroniques, présentent de violentes tensions sur leur système tonique réflexe.

Quand ces personnes sont mises en présence d'un ordinateur émetteur Wi-Fi, les tensions sont majorées (exécution en aveugle). C'est une preuve irréfutable que les CEM sont inducteurs de contractures musculaires.

J'ai acheté aux États-Unis, chez une société qui s'appelle Texas Instruments, un appareil qui permet d'injecter à la demande dans le réseau électrique de mon cabinet médical des courants porteurs en ligne (CPL). Ce sont les mêmes que ceux induits par les compteurs communicants comme le Linky. J'ai pu ainsi faire des tests sur un très grand nombre de personnes et mettre en évidence que les courants porteurs en ligne entraînaient des tensions.

Quand ces personnes serrent les dents, les tensions sont la plupart fortement majorées. Cela signifie la présence d'un problème occlusal dentaire. Si je règle l'occlusion dentaire par des retouches occlusales, ce qui ne coûte rien et se fait en quelques minutes, **la détente est immédiate**, même les dents serrées. Le mieux-être du patient concerné est toujours impressionnant. Je n'insisterai jamais assez sur ce point, malheureusement tristement ignoré par le monde médical. Ce n'est pas un problème mécanique, mais proprioceptif, qui entraîne un parasitage électromagnétique. La preuve en est que la détente est entraînée par la mise à la terre. Les tensions créées par le fait de serrer les dents sur un problème occlusal cèdent **toujours** lors de la mise à la terre.

Quand je fais poser un doigt à mes patients sur certains matériaux de reconstitution dentaire en bouche, métalliques ou pas, on en trouve toujours un qui crée des tensions. C'est le signe d'une intolérance électromagnétique au matériau en question. Les amalgames dentaires (avec mercure) créent systématiquement des tensions, dans 100 % des cas. Quand on enlève une intolérance électromagnétique en bouche, même non métallique, on a une détente immédiate. Il ne s'agit pas de courants électriques, je ne le répéterai jamais assez, mais d'une irradiation. La preuve est que regarder ou avoir ce matériau proche de soi crée les mêmes tensions.

Si je leur demande de penser « compteur Linky, téléphone portable », les tensions sont systématiquement majorées. C'est le signe d'une relation émotionnelle avec les technologies émettrices d'ondes électromagnétiques. L'émotionnel entraîne des tensions. Si ces personnes sont mises à la terre, on a une détente immédiate, dans tous les cas.

Une camisole de contractures

C'est ainsi que l'addition des tensions toniques dues à ces différents éléments va finir par créer une augmentation généralisée du tonus musculaire, très souvent spectaculaire, mais qui n'est que le résultat – la partie visible – d'une profonde perturbation neurosensitive. C'est toute l'homéostasie de l'ensemble du système neurovégétatif qui est ainsi gravement perturbée. Les conséquences sont à tous les niveaux et entraînent des perturbations de l'ensemble des fonctions automatiques du corps et des organes, notamment au niveau du foie, de la thyroïde et des reins. On remarquera également un mauvais sommeil, peu réparateur, avec des réveils difficiles, souvent douloureux.

La mise à la terre

Elle peut se faire de différentes façons, celle que je pratique pendant mon activité professionnelle consiste tout simplement à relier mes patients à la terre d'une prise électrique par l'intermédiaire d'un câble électrique.

Il est intéressant de noter que la détente musculaire tonique due à la mise à la terre est systématique et immédiate dans tous les cas, que ce soit en cas d'intolérance aux verres des lunettes ou de problème occlusal dentaire. Ce dernier point est d'ailleurs particulièrement intéressant, car il prouve que le fait de serrer les dents, quand il y a une malocclusion dentaire, n'est pas un problème mécanique. C'est proprioceptif et cela entraîne curieusement une majoration de la charge électrique de l'organisme.

On comprend alors mieux le fonctionnement de ce qu'on appelle la proprioception, une boucle subtile d'information/action/réaction véhiculée par des modifications de potentiel électrique. C'est cette boucle qui sera parasitée par les entrées posturales déficientes et les champs électromagnétiques environnementaux, avec les conséquences évoquées ici.

Cependant, il peut arriver, dans des cas exceptionnels, que la mise à la terre ne fonctionne pas, et même au contraire amplifie les tensions toniques. C'est parfois dû à une défectuosité du matériel ou à une mauvaise qualité de la prise de terre.

Il arrive de trouver, sur Internet, des récits ou des vidéos de pseudo-électriciens venus d'on ne sait où, en mal de reconnaissance ou de sensationnel, expliquant que la mise à la terre serait dangereuse pour la santé. Si c'était le cas, il ne faudrait plus marcher pieds nus sur le sable ou sur le gazon, ou s'adosser à un arbre ! J'ai toujours conseillé à tous mes patients – c'est ce que je fais moi-même – de dormir à la terre. On trouve aujourd'hui dans le commerce des systèmes qui permettent de le faire à des prix tout à fait raisonnables. Il ne faut pas hésiter.

Tous les médecins qui se sont investis dans le syndrome d'intolérance aux champs électromagnétiques, comme dans ces terribles maladies que sont la fibromyalgie et la fatigue chronique, devraient, pour le moins, en complément de leur propre pratique, s'inspirer de l'approche qui est la mienne. Je ne dis pas qu'elle est parfaite, elle est sûrement à compléter, mais elle amènera des améliorations de santé extrêmement sensibles, souvent considérables, parfois spectaculaires.

Chapitre XVIII

La science malade

« Je suis persuadé que la seule épreuve décisive pour la fécondité d'idées sur une vision nouvelle est celle du temps. La fécondité se reconnaît par la progéniture et non pas par les honneurs. »
Alexandre Grothendieck
(après son refus du prix Crafoord décerné par l'Académie royale des sciences de Suède)

L'approche officielle du syndrome d'intolérance aux champs électromagnétiques, de la fibromyalgie ou de la fatigue chronique est un magnifique exemple d'une forme de faiblesse, voire de déliquescence éthique, de ce que l'on appelle l'esprit scientifique médical. Nous savons que les connaissances scientifiques sont en évolution constante. Vérité hier, erreur aujourd'hui. C'est la grande faiblesse de ceux qui s'en réclament et ils sont trop nombreux aujourd'hui. Quand on sait les conséquences sociétales et sanitaires sur les générations futures des décisions et conclusions que prennent les autorités médicales sur la problématique de l'électrosensibilité, on ne peut qu'être inquiet pour l'avenir. Leur responsabilité est immense.

Les sciences de la vie se nourrissent encore aujourd'hui de concepts souvent dépassés. Que ce soit en biologie, en physiologie ou en médecine, ceux-ci n'ont en effet toujours pas pris en compte les grandes mutations intervenues dans les sciences de la matière. Aurait-on pu imaginer au début du xxe siècle, et même bien après, qu'on pourrait ouvrir une portière de voiture sans se servir d'une clé, seulement en appuyant avec un doigt sur un bip d'où part un signal électromagnétique qui met un mécanisme, celui de la serrure, en mouvement à une centaine de mètres ? Affirmer que cela serait possible, ne serait-ce qu'une cinquantaine d'années en arrière, aurait signifié le bannissement de toute la communauté scientifique ! Tout serrurier soutenant cette hypothèse aurait été rayé immédiatement du conseil de l'ordre des serruriers s'il avait existé, peut-on affirmer avec humour !

Plus blanc que blanc

Il existe aujourd'hui un dogme universitaire, c'est-à-dire une vérité intangible qui domine le monde médical. Il semble convenable pour certains de critiquer, sans examen sérieux, toute incursion en dehors du système établi comme celle que je fais dans ce livre. Il est de bon ton de s'improviser pourfendeur d'obscurantisme. Cela revient à essayer de faire croire au monde qu'ils sont, par cette démarche de dénigrement systématique, de véritables scientifiques. C'est pour eux un moyen de passer du vernis sur leur ego. Ainsi, beaucoup de médecins ont tendance à penser que tout ce qu'ils ne valident pas ou ne connaissent pas n'existe pas et s'apparente à du pur charlatanisme. Ce serait donc dangereux voire sectaire. Ce discours présente pour le moins un profond manque d'humilité, mais aussi beaucoup d'arrogance, de suffisance et d'ignorance.

La dérive scientiste

La science médicale ressemble aujourd'hui à une religion s'employant à vouloir dominer et remplacer toutes les autres. Elle est bâtie sur l'idée que seule la méthode dite scientifique permet d'accéder à la vérité, ce qui est totalement faux. On ne peut plus en effet lui faire confiance parce qu'elle est entre des mains humaines qui ont mille raisons pour la détourner de sa vocation, qui devrait être celle de servir la vérité. L'histoire du coronavirus au printemps 2020 a permis d'ouvrir les yeux sur les comportements pour le moins « curieux » des sociétés médicales dites savantes ou scientifiques.

On ne peut que sourire aujourd'hui de constater que ceux qui sont dans la croyance sont en réalité parfois ces pseudo-scientifiques, formatés à une vision chimique et matérialiste de la vie, incapables de sortir de la boîte étriquée dans laquelle ils se sont enfermés. Ils ont en réalité dévoyé « l'esprit » de la méthode scientifique, qui, elle, doit rester un chemin d'ouverture et de progrès au service de l'humain.

Ne soyons pas naïfs

La science, c'est un peu comme Dieu : certains parlent en son nom quand ils veulent faire croire que leurs arguments sont définitifs.

Nous avons tous participé à des soirées entre amis au cours desquelles des débats vifs, sur un sujet ou un autre, se sont terminés quand un protagoniste, à bout d'arguments, finit par dire « c'est scientifique » ou bien « la science l'a prouvé ». Ces mots sont prononcés quasiment systématiquement lorsque quelqu'un veut trancher une discussion ou un débat, de quelque nature qu'il soit.

Par exemple, en 2019, le ministre de l'Agriculture, voulant justifier la décision des autorités de fixer à 5 mètres des habitations la distance minimale pour répandre des pesticides, avait terminé son discours en disant « c'est scientifique ». Je n'avais pas pu m'empêcher de penser aux personnes habitant des maisons ayant une fenêtre ouverte au bord des champs en question...

Il faut savoir qu'il y a de plus en plus de fraudes, régulièrement dénoncées dans la littérature scientifique. Ces fraudes de toute nature – falsification de données, plagiat ou encore invention pure et simple de résultats – sont autant d'entorses à l'intégrité qui ternissent régulièrement l'image des scientifiques et celle de la science.

Plus les chercheurs publient dans des revues scientifiques, plus ils reçoivent des financements et plus ils font avancer leur carrière. Il existe aujourd'hui 25 000 revues dans tous les domaines scientifiques, certaines étant plus prestigieuses que d'autres, plus sélectives.

Un biologiste de l'Université de Washington, Ferric C. Fang, a publié une étude récemment dans lequel il explique que le nombre d'articles scientifiques retirés au motif de fraudes a été multiplié par dix depuis 1975, dont 67 % pour cause d'inconduite scientifique[70].

En 2009, une analyse[71] de Daniele Fanelli, publiée en ligne dans *PLoS One* et compilant les résultats de 21 enquêtes, a démontré que 2 % des scientifiques admettent avoir déjà fabriqué, falsifié ou altéré des données, et que 34 % avouent être peu regardants sur la méthodologie, allant jusqu'à omettre des résultats qui ne font pas leur affaire.

La science échappe à la science

Dans son passionnant dernier livre, *Lobbytomie*[72], la journaliste Stéphane Horel pose une réflexion sur les liens et les conflits d'intérêts entre certaines firmes et industries et de nombreux experts et autres scientifiques. Elle nous explique et démontre que de « nombreux experts sont contactés par des firmes multinationales pour produire des études revêtues d'une apparence de scientificité et qui aillent dans le sens des intérêts desdites firmes. Le conflit d'intérêts, c'est donc d'abord une réalité très concrète : une infiltration de la sphère de la science et de l'expertise par les firmes. Cette mainmise est inquiétante. Les conflits d'intérêts sont provoqués par une volonté des firmes d'investir les domaines scientifiques afin de servir leurs intérêts financiers. Il faut ajouter à cela que le fonctionnement réel du système politique, la portée de l'influence des lobbies n'est absolument pas conscientisée par les citoyens. Je ne dis pas qu'il y a une volonté délibérée de cacher l'action des lobbies, mais force est de constater que les gens ne sont pas au courant de l'origine véritable de certaines décisions publiques. En démocratie, c'est particulièrement gênant. Dans quelle mesure les choix que nous faisons demeurent-ils libres et éclairés ? Que vaut notre consentement, quand on découvre

70. Ferris C. Fang, *et al.*, « *Misconduct accounts for the majority of retracted scientific publications* », PNAS, 2012.
71. Daniele Fanelli, « *How Many Scientists Fabricate and Falsify Reasearch? A Systematic Review and Meta-Analysis of Survey Data* », *PLoS One*, mai 2009.
72. Stéphane Horel, *Lobbytomie – Comment les lobbies empoisonnent nos vies et la démocratie*, éd. La Découverte, 2018.

que les scientifiques censés conseiller impartialement les gouvernants travaillent aussi pour des intérêts privés ? Au nom de la technicité de certains dossiers, on écarte les citoyens de plus en plus de questions, dont on délègue le traitement à des experts en conflits d'intérêts, entre leur impératif de rigueur scientifique d'une part et leurs liens avec certaines industries – pharmaceutiques, agroalimentaires, etc. – d'autre part. »

The Lancet : plus rien ne sera comme avant

The Lancet est une revue scientifique médicale britannique prestigieuse. Son rédacteur en chef, Richard Horton, a porté récemment un diagnostic sévère sur le corps scientifique médical, affirmant que celui-ci était gravement malade : « Une grande partie de la littérature scientifique, peut-être la moitié, est peut-être tout simplement fausse. Affligée par des études portant sur des échantillons de petite taille, des effets minuscules, des analyses exploratoires non valables et des conflits d'intérêts flagrants, ainsi que par une obsession à poursuivre des tendances à la mode d'importance douteuse, la science a pris un virage vers l'obscurité. [...] L'endémicité apparente des mauvais comportements en matière de recherche est alarmante. Dans leur quête d'une histoire convaincante, les scientifiques sculptent trop souvent les données pour qu'elles correspondent à leur théorie du monde préférée. Ou bien ils modifient leurs hypothèses pour les adapter à leurs données.

Les rédacteurs en chef des revues scientifiques méritent eux aussi leur part de critiques. Nous aidons et encourageons les pires comportements. Notre acceptation du facteur d'impact alimente une compétition malsaine pour gagner une place dans quelques revues sélectionnées. Notre amour de la “signification” pollue la littérature avec de nombreuses fables statistiques. Nous rejetons les confirmations importantes. Les revues ne sont pas les seuls mécréants. Les universités sont dans une lutte perpétuelle pour l'argent et le talent, des points d'arrivée qui favorisent des mesures réductrices, comme la publication à fort impact. Les procédures d'évaluation nationales, telles que le cadre d'excellence pour la recherche, encouragent les mauvaises pratiques. Et les scientifiques, y compris leurs plus hauts responsables, ne font pas grand-chose pour modifier une culture de la recherche qui frôle parfois l'inconduite[73]. »

The New England Journal of Medicine, autre revue médicale, la plus prestigieuse du monde

La rédactrice en chef historique de cette prestigieuse revue, Marcia Angell (professeure de médecine à la Harvard Medical School de Boston) a évoqué dans un article[74] des affaires de compromission de médecins avec les industries pharmaceutiques, conduisant parfois à d'énormes scandales sanitaires. Elle concluait son article en écrivant : « Des conflits d'intérêts et des préjugés similaires existent dans pratiquement tous les domaines de la médecine, en particulier ceux qui dépendent fortement de médicaments ou de dispositifs. Il n'est tout simplement plus possible de croire une grande partie de la recherche clinique publiée ou de s'appuyer sur le jugement de médecins de confiance ou sur **des directives médicales faisant autorité**. Je ne prends aucun plaisir à cette conclusion, que j'atteins lentement et à contrecœur au cours de mes deux décennies en tant qu'éditeur au *New England Journal of Medicine*. »

Ouvrir les yeux : à qui cela profite ?

Il est plus qu'urgent d'en finir avec la sacralisation de la « Science », derrière laquelle trop de personnes dissimulent tant bien que mal leurs intérêts ou leurs opinions personnelles, ne se donnant jamais la

---

73. Richard Horton, « *Offline: What is medecine's 5 sigma?* », *The Lancet*, n° 385, avril 2015 ; article traduit par ADES-Grenoble, 12 juin 2020.
74. Marcia Angell, « *Drug Companies & Doctors: A Story of Corruption* », *The New York Review of Books*, janvier 2009. Pour en savoir plus, lisez son livre (en français), *La Vérité sur les compagnies pharmaceutiques – Comment elles nous trompent et comment les contrecarrer*, éd. Le Mieux-Être, 2005.

peine de poser la question toute simple qui devrait initier de nos jours toute discussion sérieuse sur une publication médicale : à qui profite le résultat annoncé ?

Quand on a intégré tout ce qui précède, on comprend mieux le message que ce livre veut faire passer : **la science, c'est avant tout l'expérience**.

L'expérience est la preuve

La médecine officielle nous parle d'un syndrome d'intolérance aux ondes électromagnétiques avec son cortège de symptômes. Même si ce n'est que du ressenti dit autodéclaré, sans explications scientifiques, c'est une réalité pour ceux qui le vivent. Il est clair que pour les autorités médicales, le SICEM n'existe pas.

En ce qui concerne le sujet de ce livre, ce sont les faits cliniques observés sur des milliers de patients qui ont fabriqué ma doctrine. Conformément aux principes de Claude Bernard et de ses leçons de médecine expérimentale, je les rapporte pour être entendu et pour être compris par les lecteurs de cet ouvrage.

Quand je parle d'incompatibilité électromagnétique, c'est quelque chose qui n'existe pas dans les référentiels scientifiques d'aujourd'hui. Si je prends l'exemple des lunettes, comment est-il possible que certains verres créent des tensions sur le système tonique réflexe, avec toutes les conséquences que cela peut avoir ? Ces mêmes verres, quand ils ne conviennent pas, créent les mêmes tensions si on les tient à la main : c'est donc un problème de matériaux et non pas une relation avec la vision. C'est un fait facilement vérifiable sur des milliers de personnes. Il s'agit d'un phénomène qui n'est pas démontré scientifiquement, pour la raison toute simple qu'aucune étude n'a été faite à ce sujet. Comment cela peut-il ne pas se savoir, quand on en a compris les douloureuses conséquences sur des centaines de milliers de personnes ?

Le signal électromagnétique, un curieux phénomène

En science, on parle de « phénomène » quand on remarque que des faits se reproduisent quand on se trouve dans les mêmes conditions initiales. La science est une étude des phénomènes. Elle cherche à déterminer précisément dans quelles conditions ceux-ci se produisent et pour quelles raisons. Ces faits sont considérés comme remarquables. Ils nécessitent d'une part, une observation, et d'autre part, une interprétation. L'idéal scientifique serait que l'on puisse toujours dire comment ce phénomène est possible, mais si c'était le cas, ce ne serait plus un phénomène, puisque par définition, celui-ci est inexplicable. La règle scientifique devant un phénomène est de dire ce qui apparaît, c'est-à-dire les faits, sans trancher s'il s'agit d'une illusion d'optique ou d'une erreur d'appréciation.

Une réalité : toute matière émet un rayonnement électromagnétique

J'ai déjà évoqué dans ce livre que toute matière est émettrice d'un champ électromagnétique. Je me permets de revenir là-dessus car il me semble essentiel de comprendre ce phénomène. Je cite le professeur Jean-Paul Bibérian (physicien, spécialiste de la fusion froide) :

« Il y a forcément toujours, quelle que soit la température, une émission d'ondes électromagnétiques très faible, mais qui existe, et dont la caractéristique physique dépend du matériau donné. Suivant un métal vous aurez quelque chose, suivant un autre métal vous aurez une autre chose. Si c'est un isolant, cela sera encore autre chose, etc. Tout élément qui existe sur la Terre a une vibration qui produit des ondes électromagnétiques, de très faible amplitude, parce que c'est de toutes petites variations, ce qui n'est pas le cas pour une antenne. Mais ces vibrations existent et se produisent toujours, l'atome vibre, mais l'électron aussi et tous les électrons qui sont associés à ces atomes bougent également. Même au zéro absolu, quand tout est arrêté complètement, cela continue à vibrer, c'est ce que l'on appelle l'énergie du point zéro, à zéro absolu. De la même manière qu'une antenne va récupérer le signal de la radio, dans le corps humain, les cellules, les molécules qui s'y trouvent, vont vibrer à une fréquence correspondant à leur fréquence propre.

Quand l'onde arrive avec la même fréquence, elle capte cette onde et l'amplifie, parce qu'une résonance amplifie le phénomène. Quand il n'y a pas résonance, il ne se passe rien. Dès que vous arrivez à la résonance, l'objet se met à vibrer de plus en plus, un peu comme les gens qui cassent les verres en cristal en les faisant résonner à une certaine fréquence, d'un seul coup le verre éclate... L'énergie accumulée est tellement forte, cela explose, cela accumule l'énergie, et dans notre corps, le même phénomène se passe. Les ondes électromagnétiques peuvent faire résonner certaines liaisons chimiques. Leur interaction dépend effectivement de la qualité, de la personne, de la sensibilité qu'elle a à cette fréquence-là...

On peut avoir des personnes qui vont être électrosensibles à certaines fréquences, et d'autres non, exactement pareil qu'il y en a qui sont sensibles au gluten et d'autres qui ne sont pas sensibles ; ou d'autres qui sont sensibles au lait de vache, d'autres qui ne le sont pas[75]. »

La méthode expérimentale de Claude Bernard

Mes observations sont faites conformément aux principes de Claude Bernard et de ses leçons de médecine expérimentale. Les réflexions et analyses sur les phénomènes que je décris le sont toujours à la lumière de la rigueur, dans un esprit de doute, d'humilité et de prudence.

Je sais que mon discours peut surprendre un immense nombre de personnes. Tout ce que je rapporte ici, je me dois de l'écrire afin que cela ne reste pas lettre morte, en espérant qu'un jour, de vrais scientifiques puissent en faire leur profit et ouvrir des pistes de recherche.

75. Propos extraits du film de Jean-Yves Bilien, *Les Sacrifiés des ondes*, Albalena Films, 2012.

Ce livre est avant tout une volonté de partage d'information entre un praticien, des gens qui souffrent, et le monde médical. Ma démarche scientifique est basée sur l'expérience, sur le réel, sur du concret, qui se fonde sur l'observation d'un phénomène perçu en conscience. J'ai conscience de l'originalité du phénomène, de son côté un peu miraculeux, messianique, mais il n'en reste pas moins que ce phénomène est reproductible, non seulement sur les personnes concernées mais aussi sur des milliers de personnes. Mais surtout, plus que tout, quand on en tire les conclusions thérapeutiques, on assiste à d'incroyables améliorations de santé.

Pour moi, l'éthique est plus affaire de morale que de règles.

Conclusion

« Il ne faut pas compter sur ceux
qui ont créé les problèmes pour les résoudre. »
Albert Einstein

Il est toujours difficile de bousculer certaines **croyances scientifiques**, de rebâtir le système de nos connaissances et de refuser de tenir pour acquis ce que les autorités nous affirment. Heureusement, les pseudo-évidences se dissolvent, et les rituels de pensée, qui sont bien souvent des paralysies de la pensée, se fissurent. C'est à partir de ce moment-là que naissent, peu à peu, des réponses adéquates aux questions que l'on se pose.

La croyance médicale

Pour les autorités médicales, – même si elles n'osent pas l'exprimer trop brutalement pour ménager les sensibilités –, l'évidence scientifique est que la maladie des ondes a une origine uniquement émotionnelle. Yves Lévy, P-DG de l'Inserm, s'exprime en ces termes lors de son audition au Parlement le 31 mai 2018 :

« Pour le dire grossièrement, les patients électrosensibles sont malades, personne ne le nie, mais on ne sait pas pourquoi, même si eux attribuent leur mal aux ondes. Un peu comme pour la fibromyalgie, l'électrosensibilité est une maladie pour laquelle les médecins constatent des symptômes sans savoir ni définir un diagnostic précis, ni un mécanisme pathologique. »

L'Académie de médecine ajoute : « L'angoisse ou la phobie en présence d'émetteurs de champs électromagnétiques peuvent être réelles et justifier une prise en charge adaptée[76]. »

76. André Aurengo pour l'Académie nationale de médecine, « À propos de la prise en charge des personnes électrohypersensibles », mars 2012.

Parmi les hypothèses de recherche, l'ANSES a attiré l'attention sur des études mettant en évidence l'effet nocebo, ce qui laisse penser que les EHS ont en réalité des problèmes psychosomatiques.

Si nous revenions 50 ou 100 ans en arrière, ce ne serait pas le terme « psychosomatique » qui serait utilisé. Le monde médical, comme d'ailleurs il le faisait pour la fibromyalgie, aurait parlé, si le SICEM avait existé, d'« hystérie probable ». Cela d'autant plus que les femmes sont beaucoup plus concernées que les hommes, dans le SICEM, comme dans la fibromyalgie. Mais de nos jours, ce diagnostic serait indicible, voire impensable, pour ne pas dire scandaleux. Pourtant, en effaçant le nom, on ne fait pas disparaître le concept qu'il recouvrait à l'époque. Devant ces syndromes nouveaux, un peu atypique, l'idée que l'on puisse authentiquement souffrir dans son corps, sans pour autant qu'une lésion précise n'y soit retrouvée, devient inacceptable, aussi bien pour les médecins que pour les patients. Si les examens ne donnent rien, alors le patient simule, fait « du cinéma » et prend la place des « vrais malades ». Dans tous les cas, il est impossible de prendre son cas au sérieux.

Cette situation met bien en évidence que le scientisme est encore une idéologie dominante dans nos sociétés. Une maladie ne peut pas exister sans preuve, c'est-à-dire sans lésion constatable ; sans trace concrète, elle n'est alors rien de réel, que du vent, du pur imaginaire, une vue de l'esprit. Il n'y a plus que des vrais et des faux malades aussi appelés malades imaginaires. Pour être considéré comme patient, pour être reconnu comme authentiquement souffrant, il faut avoir ou faire la preuve de sa maladie.

L'évidence des victimes

Pour les EHS et leurs associations, l'évidence, c'est que ce sont les seules ondes qui sont responsables du syndrome d'électrohypersensibilité. Il ne fait aucun doute que la multiplication exponentielle des rayonnements électromagnétiques de toute nature, due aux technologies modernes, représente un véritable fléau de santé publique, qui grandira dans les années qui viennent. Des centaines de milliers de personnes, en France, ont des vies gâchées et saccagées par la présence des champs électromagnétiques environnementaux. C'est un fait. C'est même en train de devenir un problème de société. Les réseaux sociaux sont envahis aujourd'hui par des nouvelles peu rassurantes – souvent aussi par des intox – sur les compteurs Linky, sur les objets connectés, sur la 5G, et même sur la... 6G !

Les champs électromagnétiques sont dangereux

Pour s'en convaincre, il suffit de considérer l'exemple du micro-ondes, qui chauffe nos plats avec des ondes à 2,4 GHz, sachant que nous sommes nous-mêmes composés à 70 % d'eau. Les autorités parlent toujours de la notion de seuil auquel on peut exposer les gens sans risque. Mais curieusement, elles ne parlent jamais de la notion de temps d'exposition, ce qui enlève toute crédibilité à leur démonstration prétendue scientifique, de l'innocuité des CEM. Prenez le soleil un peu, pendant 10 minutes, prenez le soleil une journée entière, prenez le soleil pendant 40 ans, et ouvrez les yeux sur ce qui peut se passer ! Cela peut aller d'une légère rougeur jusqu'à un cancer de la peau qui serait mortel !

On tombe alors dans un débat qui n'en finira jamais, pour la simple raison que nous sommes une génération de transition, qui a grandi sans téléphone portable ni tablette et dont le temps d'exposition global est encore, par conséquent, relativement faible. Ce sont nos enfants qui, peut-être, nous diront si les CEM sont dangereux, ou pas. Mais ce sera probablement trop tard !

Le dogme médical

Le monde médical est pyramidal, c'est-à-dire que ce sont les sommités qui le composent – ceux qui sont en haut de la pyramide – qui donnent le chemin à suivre pour tous les autres. Les conseils de l'ordre sont là pour faire appliquer la bonne exécution des décisions qui sont les leurs. Pourtant, l'histoire de la médecine montre que tous les progrès ont été apportés par quelques médecins et autres thérapeutes qui n'acceptaient pas les dogmes appliqués par la majorité de leurs confrères. À commencer par Pasteur ou Marie Curie ! C'est-à-dire qu'ils refusaient des prétendues vérités, incontestables, intangibles et fondamentales, appartenant à la doctrine médicale.

L'histoire nous invite à nous méfier des mensonges d'État. Ainsi en a-t-il été du nuage de Tchernobyl en avril 1986 après l'explosion de la centrale nucléaire de Tchernobyl, qui avait entraîné des mesures fermes de prévention partout en Europe… sauf en France.

Souvenez-vous, dans les années 1980 : le monde médical soutenait que l'huile d'olive était dangereuse pour le cœur, que les ultraviolets n'étaient pas dangereux pour la peau… Il fallait aussi prendre du fluor pour éviter les caries et les fractures alors qu'en 2010, l'OMS l'a classé parmi les dix produits chimiques qui posent un problème majeur de santé publique !

En matière de santé, les intox relèvent autant de l'incompétence, voire de l'ignorance scientifique, que du lobbying, habilement masqué, corrompant l'information. Souvenons-nous de l'histoire du Mediator et de la grippe H1N1 ou, plus proche de nous, du coronavirus. Jusqu'à assez récemment, l'ulcère de l'estomac était attribué à des problèmes de stress, c'est-à-dire à des problèmes émotionnels. Il a fallu que quelques-uns combattent avec beaucoup d'énergie ce dogme médical, pour faire admettre la réalité, c'est-à-dire le résultat d'une bactérie dans notre estomac !

Souvenez-vous combien ont été maltraitées par les autorités médicales, les personnes – médecins et autres –, qui ont dénoncé l'amiante comme étant un danger pour la santé ! Il a fallu 100 ans pour que ce soit accepté ! Des centaines de milliers de personnes ont perdu la vie de ce fait. Souvenez-vous du temps qu'il a fallu pour accepter que le tabac fût dangereux pour la santé ! Imaginez le nombre de morts dont il a été responsable !

Toutes les informations qui vont à l'encontre de celles données par les autorités médicales sont considérées aujourd'hui comme des *fake news*. Et l'ensemble des médias ne se prive pas de participer à enfoncer ceux qui n'acceptent pas la « parole divine ».

J'ai beaucoup d'amis médecins ; ils me confient eux-mêmes qu'il y a des sujets qui ne peuvent pas être abordés, même dans les dîners en ville. Un médecin hospitalier, par exemple, qui émettrait des doutes, quels qu'ils soient, au sujet de la vaccination, verrait immédiatement sa carrière brisée. La liberté d'expression n'existe pas dans ce monde-là. Un grand scientifique, le professeur Henri Joyeux, qui est favorable à la vaccination, mais qui considère que l'adjuvant présent dans les vaccins contenant de l'aluminium est un grand danger pour les enfants, a été traduit devant le conseil de l'ordre pour avoir osé émettre un tel avis. Il a pourtant de nombreux arguments en béton pour justifier sa pensée.

Je n'aime pas les intox, il est vrai qu'elles pullulent sur les réseaux sociaux. Soyons sélectifs, justes, mais vigilants. N'oublions jamais que la meilleure façon de combattre ces fausses nouvelles, ce sont les vraies nouvelles, celles qu'on pourrait appeler les *truth news*.

Vaccins et CEM

Je n'ai rien contre la vaccination. Beaucoup de maladies ont disparu sans elle, beaucoup aussi grâce à elle. Croyez-vous que le **professeur Romain Gherardi**, ancien directeur d'une unité INSERM, neurologue à l'hôpital Henri-Mondor de Créteil, qui a entrepris de dénoncer la toxicité des adjuvants à base d'aluminium utilisés pour booster l'efficacité de certains vaccins, fasse de l'intox ? C'est un spécialiste des maladies neuromusculaires. Il est diplômé en neurologie et en pathologie, professeur des universités et praticien hospitalier depuis 1990. De 1983 à 2010, il a écrit 300 articles de recherche dont plus de 250 en langue anglaise publiés dans des revues telles que *The Lancet*.
« Les adjuvants à base d'aluminium ne posaient pas de réels problèmes hier, mais l'environnement change : depuis plus d'une décennie, la

nouvelle pollution environnementale en champs électromagnétiques artificiels micro-ondes radiatifs proches de la téléphonie mobile notamment, et récemment de la 5G, entre en interaction avec les ions Al^{+++} (ions d'aluminium en cations chargé positivement en trois plus). Cette influence est multi-génotoxique, elle impacte notamment les échanges métaboliques des humains.

Les autorités mondiales ou gouvernementales de santé n'ont pas pris en compte sciemment, par ignorance ou par manque de compétences, les interactions complexes des composants des vaccins avec le métabolisme humain.

L'homme est totalement bioélectromagnétique, **tout ce qui est artificiel à base de métal transgresse et entre maintenant en interaction avec les lois fondamentales physico-chimiques de l'équilibre bioélectromagnétique qui régissent le métabolisme humain**[77]. »

En conséquence, injecter dans l'organisme humain d'une proportion importante de la population des adjuvants contenant des dérivés métalliques destinés à exciter les défenses immunitaires tels que l'hydroxyde d'aluminium (aluminium vaccinal) ou autres éléments peut être qualifié d'inconscience criminelle.

Cette anomalie physiologique (comparable à un poison) ne ressortira plus, c'est maintenant devenu un neurotoxique métallique qui va générer de façon insidieuse, dans certains cas, des processus dégénératifs. Elle sera aussi responsable de la perte des défenses immunitaires dans les zones couvertes en champs électromagnétiques artificiels pulsés par l'introduction des nouvelles infrastructures des microantennes-relais 5G en mégahertz ou gigahertz qui sont proches en termes de champs radiatifs.

Dit autrement, ces nouveaux types d'émissions radiatives artificielles micro-ondes sont enregistrés instantanément dans le système nerveux autonome. Ceci ne peut impliquer une régulation presque

77. Next-Up Organisation, « Pofesseur Romain Gherardi : 5G et échanges métaboliques – Stop aux adjuvants aluminiques dans les vaccins », avril 2020.

instantanée des systèmes endocrinien, neurotransmetteur et lymphatique, comme ce serait le cas pour des éléments jugés nécessaires à la normalisation de la part de l'organisme. Par conséquent, il ne peut y avoir de réponses immunologiques aux nouvelles formes d'ondes radiatives pulsées combinatoires de la 5G.

À mon sens, tout est dit. La science et les technologies modernes jouent aux apprentis sorciers. Nous avançons en *terra incognita*. Cette course folle au « toujours plus, toujours plus vite » peut avoir des conséquences terribles sur le devenir de l'humanité. Ceux qui ne le comprennent pas sont aveugles.

Ce que je sais

Le tableau syndromique des EHS n'a pas pour cause le seul environnement électromagnétique. Les CEM en sont seulement un des cofacteurs, avec d'autres, **et pas plus**. Le tout entraînant une **hyperréactivité du système nerveux central et autonome**, probablement attribuable à une prédominance sympathique, avec pour conséquence une prédisposition à la sensibilité à différents stresseurs environnementaux physiques et émotionnels. Ceux-ci sont des facteurs personnels, relatifs à l'individu.

Mais on pourrait aussi dire que ce sont ces facteurs de risques individuels que j'explique dans ce livre qui prédisposent à l'EHS. Autrement dit, ce sont les champs électromagnétiques qui représentent un facteur de risque pour le reste. C'est l'histoire de la poule et des œufs. L'un n'est rien sans l'autre.

Les marchands du temple

L'environnement électromagnétique artificiel n'est pas près de disparaître, au contraire, il est malheureusement dans le sens de l'histoire qui continue sa folle explosion. S'en protéger le plus possible est bien sûr une nécessité. Mais attention, vous savez comme moi que quand il y a de la confiture, les mouches arrivent de tous les côtés. Vous connaissez l'histoire des marchands du temple... De plus en plus, on nous propose aujourd'hui des appareils et autres technologies, utilisant toujours des mots magiques, comme « quantique » ou « scalaire », pour nettoyer notre champ électromagnétique corporel, pour dégager tout ce qui est négatif... Ils sont présentés de manière « scientifique », puisque l'esprit scientifique vend bien !

On trouve sur Internet des centaines de produits qui sont censés améliorer la vie des victimes des ondes : baldaquins anti-ondes, peinture anti-ondes, papiers peints de blindage anti-ondes, films anti-ondes pour fenêtres, toiles anti-ondes, tissus anti-ondes, raccordement blindage à la terre, électricité biotique, biocompatible, bioélectricité, câbles blindés, fils blindés, gaines électriques blindées, interrupteurs automatiques de champs, etc.

Dans nos conditions de vie actuelles, certains de ces systèmes peuvent être intéressants, je ne les connais pas tous, mais j'engage les lecteurs à être prudents et très sélectifs s'ils ne veulent pas dépenser de l'argent pour rien.

Personnellement, je n'insisterai jamais assez sur l'importance d'avoir de bonnes prises de terre dans nos maisons, de la nécessité d'installer un interrupteur de champ dans nos chambres, et de dormir à la terre[78]. C'est ce que j'applique à moi-même.

Mais les premiers à protéger sont les tout jeunes enfants. En effet, comme j'en ai parlé dans un chapitre précédent, la finesse de leurs os fait que la moelle épinière où se fabriquent les globules blancs est dix fois plus concernée par les champs électromagnétiques environnementaux que celle de l'adulte.

D'ailleurs, le cancer du sang (la leucémie), qui est un cancer de la moelle osseuse, n'est-il pas avant tout celui des enfants ? Ceux-ci, ainsi que la femme enceinte, doivent absolument être protégés et le moins possible exposés à ces dangers. Il existe des plaids protecteurs

78. Pour en savoir plus, voir *Les Maladies des ondes*, éd. Dangles, 2014.

à utiliser pendant la grossesse, sur le ventre en position assise ou couchée, et après la naissance comme protection pour minimiser l'exposition du nouveau-né.

Avant tout soulager, être efficace

La meilleure façon d'améliorer le confort de vie de personnes hyper-électrosensibles, fibromyalgiques ou fatigués chroniques est de comprendre quels sont les facteurs de risque individuels qui les font basculer dans la maladie.
Il n'y a pas de fatalité au SICEM. Une grande partie des symptômes qui le composent peuvent disparaître si on suit mes indications. Plus vous avancerez dans ce sens, sans *a priori*, mieux vous vous porterez.

La bouche de nos concitoyens est une véritable mosaïque de produits chimiques et métalliques, ce qui n'est pas toujours sans conséquences, que ce soit pour des raisons chimiques, électrochimiques ou électromagnétiques. Il faut tester la compatibilité électromagnétique de tous les matériaux que nous avons en bouche, faire enlever ceux qui ne conviennent pas, et les remplacer par des matériaux compatibles. Il faut se souvenir que chimicosensibilité ou électrosensibilité, c'est la même chose. À partir de là, il faut accepter que des matériaux non métalliques puissent aussi avoir une grande part de responsabilité dans tous ces syndromes évoqués dans ce livre. Je préfère une reconstitution dentaire avec un métal qui convient plutôt qu'avec un produit sans métal qui ne conviendrait pas.

Il faut impérativement faire enlever tous les amalgames dentaires, c'est-à-dire les plombages, qui sont les seules reconstitutions contenant du mercure. Pour le mercure, bien sûr, mais surtout parce que ce sont des bombes électromagnétiques. Il faut prendre des précautions pour cela, par « principe de précaution ». Ce n'est pas la peine de se déguiser en travailleurs du nucléaire pour ce faire.

L'occlusion dentaire doit toujours être vérifiée. Un problème à ce niveau peut être dû à un contact iatrogène insignifiant. La seule façon objective de mettre un souci de cette nature en évidence est de faire des tests d'amplitude des mouvements articulaires, dents serrées et non serrées. La grande majorité des EHS sont concernés par cette problématique. La régler amène des **améliorations de santé spectaculaires**. Le monde médical, dans son ensemble, dentistes y compris, est complètement ignorant de cette problématique et de ses terribles conséquences.

Le port de lunettes peut participer grandement à la symptomatologie des électrosensibles. C'est la plupart du temps le signal électromagnétique des verres qui en est responsable, plus que celui des montures.

Les teintures des cheveux et les produits de beauté doivent être testés pour vérifier leur compatibilité.

Les cicatrices peuvent également aggraver de façon considérable le tableau clinique de l'électrosensibilité. Je pense notamment à celles dues aux césariennes. Elles doivent être testées et peuvent être « nettoyées » avec certaines huiles essentielles, par exemple.

L'alimentation doit être systématiquement modifiée. Gluten et produits laitiers doivent être supprimés. Des tests lymphocytaires de tolérance alimentaire sont les bienvenus (tests Melisa, ImuPro).

L'émotionnel est un élément au même titre que les autres, dont on doit prendre soin. Il n'est pas responsable, mais il participe. Comme je l'ai expliqué dans un chapitre précédent, le simple fait, chez certaines personnes, de penser « Linky », suffit à créer des tensions toniques. L'hypnose ericksonienne semble être, avec l'EMDR (*eye movement desensitization and reprocessing* ou désensibilisation et retraitement par les mouvements oculaires) et certaines pratiques de sophrologie, les meilleures solutions pour abolir ces phobies quand elles existent, mais il y en a d'autres.

Les vêtements seront le moins synthétique possible, les boutons métalliques seront évités, les étiquettes coupées, les soutiens-gorge sans armature...

Cette liste n'est pas exhaustive. Mais mon expérience m'a prouvé qu'elle était la plupart du temps largement suffisante. Chacun des éléments cités est à mettre en relation avec la susceptibilité individuelle de la personne concernée. Le simple fait de régler un problème occlusal dentaire peut suffire à rendre une vie normale à un EHS comme à un fibromyalgique. Parfois, il peut suffire d'enlever une intolérance électromagnétique en bouche, ou de changer les verres de ses lunettes. Cela étant, c'est le ressenti du patient qui doit rester le maître sur ce chemin de la guérison.

Tester, c'est quoi ?

Le système neurovégétatif humain qu'on appelle aussi système nerveux autonome assure l'équilibre homéostatique de nos organismes mais aussi l'innervation des muscles du tonus. Quand cette homéostasie est perturbée, il s'ensuit des contractures sur le système tonique réflexe qui sont des perturbations du tonus. Ces contractures sont le lien qui relie l'invisible au visible. Elles sont un marqueur d'une perturbation neurosensorielle. Quand elles existent, elles signent une perturbation du système nerveux autonome. Tester revient à mettre en évidence ces tensions par la pratique de différents types de tests, dont les tests d'amplitude des mouvements articulaires. Un de leurs grands intérêts est qu'ils peuvent être pratiqués seuls, sans l'aide de personne. Je conseille au lecteur qui veut en savoir plus à ce sujet de lire mon livre *Testing thérapie* aux éditions Dangles ou *Libérez-vous de ces matières parasites* aux éditions Trédaniel.

Refuser

Quand on parle des conséquences des CEM sur la santé, il est nécessaire de l'envisager sur deux plans complètement distincts. J'ai donné ci-dessus des solutions en ce qui concerne le syndrome, c'est-à-dire l'ensemble des symptômes qui sont rapportés par les personnes hyperélectrosensibles.

Mais qu'en est-il de l'effet biologique des ondes électromagnétiques sur nos organismes pendant trente, quarante, ou cinquante ans ? Quelles vont être les conséquences physiologiques et sanitaires sur l'état de santé des générations futures ? Ce thème ne concerne pas seulement la population des EHS. Nous sommes tous électrosensibles, même si nous n'en souffrons pas tous. Nos enfants en seront les victimes. Il ne s'agit pas que de l'espèce humaine, mais aussi de l'ensemble de la flore et de la faune de la planète. Après avoir pollué la terre avec des fongicides, pesticides et herbicides, après avoir fait disparaître un nombre incalculable d'espèces végétales et animales, après avoir pollué tous les océans de la planète, nous nous mettons à polluer le ciel avec des milliers de satellites et autres antennes de toute nature. Les pollutions électromagnétiques ne sont qu'une expression supplémentaire de la folie des êtres humains.

De la même façon que j'ai voulu partager mes connaissances avec vous dans ce livre, je vous livre en annexe une longue lettre ouverte, envoyée il y a peu de temps au monde médical qui s'occupe d'hyperélectrosensibilité comme de chimicosensibilité. Je rappelle que cela revient pour moi à s'occuper de fibromyalgie et de fatigue chronique. Elle résume le fruit de quinze ans de pratique quotidienne au contact de plusieurs milliers de malades des ondes, fibromyalgiques et fatigués chroniques.

Puisse ce livre contribuer à améliorer leur état de santé en informant sur des approches, scientifiques et médicales, ignorées et inhabituelles, terriblement efficaces, dans l'intérêt de tous. C'est à une plus large ouverture d'esprit, à la fin de la stigmatisation, à la multiplication des échanges, et à plus d'humilité que j'appelle le monde médical, pour une meilleure compréhension de ces maladies de causes inconnues. Les connaissances nouvelles des uns doivent permettre les thérapies meilleures des autres. Ce vœu ne doit pas rester un rêve. Les résultats dépendront aussi de vous tous, lecteurs.

Annexes

Lettre ouverte au monde médical éveillé à la maladie des ondes, envoyée en 2019

Chers confrères,

Je lis toujours avec beaucoup d'attention les différentes informations et publications scientifiques paraissant sur la problématique de l'électrohypersensibilité. Bien sûr, je ne remets pas du tout en question les différentes publications scientifiques internationales, grâce auxquelles nous sommes amenés à comprendre de mieux en mieux le point fondamental de ce type de problèmes de santé. Je ne remets pas en question non plus les approches thérapeutiques qui sont les vôtres. Je n'ai d'ailleurs pas les compétences pour le faire.

Depuis plus de quinze ans, en tant que chirurgien-dentiste, je consulte des patients présentant des problèmes de santé dus à leur électrosensibilité. Je pratique cette « spécialité » de façon exclusive, c'est-à-dire que contrairement à mes confrères dentistes, je ne soigne pas les caries, les dents douloureuses, je ne pose pas de prothèses ou autres implants. Quand je pratique un acte en bouche, c'est uniquement dans le but d'amener une amélioration du confort de vie et de la santé à des patients qu'on peut considérer comme étant électrohypersensibles. Toujours avec cette haute conscience que tout acte pratiqué dans la bouche de ces personnes peut avoir des conséquences sur l'état de santé de celles-ci. Mon activité de dentiste à proprement parler ne s'est faite que dans ce sens. Je peux dire qu'aujourd'hui, 98 % de mon temps consiste à faire des bilans d'électrosensibilité et chimicosensibilité sur des patients venant de toute l'Europe.

Lors de ces bilans, j'essaye de mettre en relation des matériaux situés en bouche avec les problèmes de santé que ces personnes me confient. J'ai affaire aujourd'hui régulièrement à des cas très graves. On ne traverse pas toute la France, et souvent plus, pour de petits soucis de santé. D'autant plus que – vous le savez comme moi –ce genre de malades supporte mal l'avion, les aéroports, le train et les trajets en voiture. J'ai souvent en consultation des gens brisés, des vies saccagées, des personnes qui veulent en finir...

C'est pour eux que je vous fais ce courrier.

Après un parcours épuisant de médecin en médecin, de clinique en clinique, d'hôpital en l'hôpital – parcours qui souvent a duré des années, parfois dix, parfois quinze –, certains finissent leur route à mon cabinet. Ce sont les mêmes qui, par d'autres chemins, arrivent à votre consultation. Vous savez donc ce que cela signifie. Parfois, nous voyons les mêmes. Ils me sont confiés par des médecins plus perspicaces que les autres, parfois par des ostéopathes, parfois par des patients dont je me suis déjà occupé (le bouche-à-oreille). Beaucoup ont vu mon premier film *Ouvrez les yeux* réalisé il y a une dizaine d'années, compilation de petits films tournés dans mon cabinet médical, ou ont lu mon premier livre *Libérez-vous de ces matières parasites*, ou encore, ont vu le film documentaire long métrage *Les Sacrifiés des ondes* auquel j'ai participé. D'autres ont lu mes livres *Les Maladies des ondes*, *Et si ça venait des dents ?* et *Testing thérapie*.

C'est en forgeant qu'on devient forgeron. La légitimité de mes réflexions et celle de mon activité clinique s'appuient sur des milliers de cas que j'ai pu observer – je pense autour de 10 000 – en une quinzaine d'années. Cette légitimité s'appuie également sur les résultats de mes approches thérapeutiques dont vous aurez une idée en lisant les témoignages figurant dans certains de mes ouvrages ou sur mon site Internet.
À la suite de ces bilans, je donne à mes patients des informations pour qu'ils puissent se protéger le mieux possible des ondes, en m'appuyant sur certaines recettes, dont celles de l'ARTAC, mais aussi d'autres qui me sont plus personnelles et sont le fruit de mes observations.

Je ne suis pas quelqu'un de « haut perché », j'ai une personnalité extrêmement rigoureuse et un esprit parfaitement scientifique. Mon centre de recherche est mon cabinet médical, et la méthode que j'y applique est celle de la médecine expérimentale de Claude Bernard qui, même si elle est aujourd'hui considérée comme insuffisante, n'en reste pas moins à l'origine de toute recherche scientifique. Je m'appuie sur les faits quand ils sont systématiques et reproductibles, en éliminant toute possibilité d'effet placebo. Il n'est nul besoin d'être chercheur au CNRS pour comprendre ce que cela veut dire. L'esprit scientifique n'est pas la propriété des seuls chercheurs.

Pour poser mes diagnostics, je fais notamment des tests issus d'une discipline de la médecine officielle que l'on appelle la posturologie, discipline pour laquelle j'ai passé un diplôme universitaire. Cette jeune science peut être considérée comme une méthode d'étude pluridisciplinaire de l'acte moteur automatique et inconscient qui permet à l'être humain de stabiliser sa posture en statique ou en dynamique. C'est ainsi que l'être humain peut prendre la mesure de son environnement afin de s'y situer de façon harmonieuse physiquement mais aussi psychologiquement. Elle nous apprend à reconnaître notamment les tensions musculaires toniques réflexes, et à en comprendre leur origine.

Un posturologue est un chasseur de tensions sur un système réflexe, archaïque. Ces tensions se manifestent par une limitation de l'amplitude de certains mouvements articulaires ou par un manque de fluidité de ces mêmes mouvements. Il mène une enquête comme un policier pour en trouver l'auteur, c'est-à-dire la cause, et éventuellement les complices. Pour la posturologie officielle, ce sont ce que l'on appelle les perturbations des entrées posturales, visuelles, podales, occlusales dentaires, ostéopathiques, et quelques autres qui sont responsables de ces tensions.

Mais il n'existe pas, dans la vision universitaire, le référentiel électromagnétique. Cette donnée ne fait pas partie de la boîte à outils. Vous êtes d'ailleurs encore mieux placés que moi pour savoir combien une certaine forme de médecine refuse d'admettre l'effet des ondes électromagnétiques sur la santé de nos patients, ce qui l'entraîne bien souvent à partir sur de mauvaises pistes, comme le psychosomatique.

Je peux affirmer que ces tensions sur le système tonique réflexe ont pour origine essentielle l'environnement électromagnétique, qu'il soit extérieur, c'est-à-dire environnemental, ou qu'il soit interne, c'est-à-dire dû à des signaux électromagnétiques provenant de matériaux que nous avons sur nous ou dans nous. Même si ces signaux sont quasiment insignifiants, ils peuvent représenter une véritable agression qui se traduit également par des tensions musculaires, elles-mêmes se traduisant par des limitations de l'amplitude des mouvements articulaires.

J'ai une multitude de films, pris à mon cabinet, qui mettent en évidence, grâce à ces tests d'amplitude des mouvements articulaires, qu'un patient situé devant un ordinateur avec le Wi-Fi actif présente des tensions qui s'amoindrissent ou disparaissent quand le Wi-Fi est éteint.

De la même façon, des matériaux situés en bouche, qu'ils soient métalliques ou non métalliques, envoient un signal, un écho, qui peut entraîner la même problématique de façon encore plus spectaculaire. C'est mon travail quotidien de reconnaître dans une bouche les matériaux responsables, comme ceux qui sont neutres. Il est en effet important de faire la part des choses quand on sait les conséquences financières (en dehors des conséquences thérapeutiques) du passage chez le dentiste.

Pour les mêmes raisons, se pose la question du remplacement de ces matériaux responsables. Il est en effet pour moi inenvisageable de faire remplacer un matériau qui ne convient pas, par un autre qui ferait le même effet et entraînerait les mêmes conséquences. La problématique « métal ou pas métal » n'a pour moi aucun sens. Tous les matériaux de reconstitution dentaire qui ne sont pas métalliques sont chimiques. D'autres, qui n'ont pas l'aspect métallique, tel que les zircones, contiennent des ions métalliques comme hafnium et yttrium, métaux classés dans la famille des terres rares.

Quand certains de vos confrères, très impliqués dans l'électrosensibilité, conseillent à leurs patients de se faire enlever certains matériaux métalliques en bouche pour cause d'« effet d'antenne », ils prennent une lourde responsabilité. En effet, quand ces patients se sont fait enlever lesdits matériaux, remplacés par des matériaux non métalliques, tout le monde imagine que l'affaire est classée. C'est une grave erreur : non seulement beaucoup de ces personnes ne vont pas mieux, mais parfois, leur état empire et bien sûr, la piste buccale est abandonnée… parce qu'il n'y a plus de métaux en bouche !

De la même façon, beaucoup de « spécialistes » de l'électrosensibilité conseillent à leurs patients de ne pas avoir de montures de lunettes métalliques. Peut-être, mais ils oublient que c'est l'effet électromagnétique des verres de ces lunettes qui est le plus souvent iatrogène.

De même, les teintures des cheveux participent elles aussi, chez certaines personnes, quand il y a intolérance, à ces troubles de santé.

Sans parler du problème occlusal dentaire, honteusement méconnu par les autorités médicales, qui lui aussi ajoute sa pierre à l'édifice à l'ensemble des tensions toniques réflexes, de façon brutale et répétitive. En effet, on déglutit 2 500 fois par jour, en prenant appui sur les dents, et il s'ensuit un véritable mitraillage de tensions.

C'est souvent l'addition, l'accumulation de ces différents éléments précités et même leur interaction qui induisent ou potentialisent l'effet des ondes environnementales sur notre santé. On a affaire à un réseau de causalité.

La mise en évidence des tensions toniques consécutives à ces différents facteurs par la pratique des tests d'amplitude des mouvements articulaires prouve de façon reproductible et irréfutable ces réalités.

On aboutit alors à ce qu'on appelle le SDP, c'est-à-dire le syndrome de déficit postural, qui en fait est quasiment semblable au syndrome de l'hyperélectrosensibilité.

La recherche médicale n'a pas fait la révolution épistémologique de la physique des ondes. Toute matière émet un signal électromagnétique et c'est celui-ci qui est responsable, chez certaines personnes, de graves troubles de santé. Poser une résine dans la bouche d'un chimicosensible serait comme si on demandait à une personne allergique au poil de lapin d'aller habiter dans un clapier. Je vois régulièrement des patients qui se sont fait enlever des métaux en bouche qui ont été remplacés par des résines (composites) et qui ont, à la suite de ces extractions, sombré dans un état de santé dramatique.

Même s'il faut tout faire pour éviter du métal en bouche, il vaut mieux un métal qui convient, qui est neutre, à une matière chimique, résine, composite ou céramique qui ne le serait pas. Même si cela peut surprendre beaucoup de thérapeutes, notamment des dentistes, c'est un fait alimenté par des preuves factuelles et reproductibles.

La relation entre l'électrosensibilité, l'hyperélectrosensibilité ou la chimicosensibilité avec les matériaux en bouche est une évidence. J'ai vu de trop nombreux patients atteints par ce fléau améliorer leur confort de vie de façon parfois spectaculaire rien qu'en enlevant un composite, un amalgame, ou une couronne céramique ou métallique. Un grand nombre de personnes présentent aujourd'hui une quantité phénoménale de reconstitutions dentaires dans leur bouche, parfois 100 % des dents.

Quand il y a une susceptibilité de ces personnes au signal électromagnétique de ces différents matériaux, ces patients présentent les symptômes de la maladie des ondes.

C'est notamment le cas aussi des patients dits « fibromyalgiques », mot que je remplace souvent par « électromyalgique ». C'est mon activité quotidienne de les recevoir depuis des années. Je peux affirmer que cette problématique est due, la plupart du temps, à des matériaux situés en bouche, ou du moins que ceux-ci représentent un cofacteur dominant dans leur maladie, avec celui des perturbations occlusales dentaires.

Tous ces patients présentent des tensions, des contractures, sur le système tonique réflexe, ces tensions étant dues à la problématique de l'électrosensibilité ou de la MCS, ainsi qu'à la problématique des incompatibilités électromagnétiques en bouche.

Enfin, preuve des preuves, l'ensemble de ces tensions toniques réflexes cède immédiatement dans 100 % des cas lorsque les personnes concernées sont mises à la terre.
Ces limitations de l'amplitude des mouvements articulaires ne constituent en réalité que la partie visible de l'iceberg. C'est en fait l'ensemble du système nerveux autonome, système nerveux neurovégétatif qui est concerné par les éléments précédemment décrits, avec toutes les conséquences que vous connaissez.

D'autre part, je ne crois pas à la problématique des métaux lourds, notamment à celle du mercure, telle qu'elle est généralement décrite. Le mercure est un poison. Nous en respirons, nous en mangeons, nous en buvons tous les jours. La présence des amalgames (eux seuls contiennent du mercure) participe bien sûr à cette intoxication. Quand on les enlève, il faut prendre toutes les précautions nécessaires telles qu'elles sont décrites dans le protocole décrit par l'ARTAC et auquel j'ai participé. Cependant, j'ai fait faire des centaines de chélations au DMPS et je n'ai jamais vu une amélioration de la symptomatologie des électrosensibles à la suite de ce seul traitement. Celle que l'on constate est due à la modification du régime alimentaire, sans gluten et sans produits laitiers, d'une part, et d'autre part, au fait que l'on retire les amalgames (un par un, chaque mois, comme pour faire durer).

C'est ce dernier fait qui, en supprimant l'écho électromagnétique de ce matériau, amène une réelle amélioration de santé. Il ne faut pas confondre cause et conséquence. En ce qui concerne l'électrosensibilité, la problématique du mercure n'a pas – c'est ma profonde conviction – la responsabilité que certains lui donnent. Par contre, j'accepte volontiers que ces intoxications aux métaux lourds puissent être responsables de maladies neurodégénératives pour le futur des personnes concernées.

Le monde médical, n'ayant pas compris le référentiel électromagnétique, donne des explications en fonction des connaissances de son temps, chimiques et biochimiques, pour expliquer les améliorations de santé constatées à la suite de la dépose des amalgames. Les amalgames doivent être systématiquement retirés chez tout le monde, mais pas pour les raisons invoquées.

Les chélations, qui sont devenues une mode, sont bien sûr parfois justifiées quand les analyses mettent en évidence des taux exorbitants de ces différents métaux. Mais actuellement, je vois trop de patients qui, victimes du marketing et de la communication autour de cette problématique, sont abusés par des praticiens mal informés. Les seuils d'intervention doivent être absolument réévalués.

Les dentistes doivent absolument apprendre à tester les différents composants qu'ils posent dans la bouche de leurs patients. Les nouveaux matériaux, les matériaux modernes utilisés par mes confrères, sont toujours des alliages très complexes et de haute technologie pour améliorer leurs qualités mécaniques et esthétiques. Qu'en est-il de leur neutralité électromagnétique ? Un grand nombre de mes patients sont devenus électrosensibles à la suite de soins dentaires. Ou pour le formuler autrement, la pose de certains matériaux dans leur bouche les a fait sortir de leurs limites d'adaptation aux ondes électromagnétiques environnementales. Les dentistes ne sont pas coupables, parce qu'ils ne se sont pas informés, mais ils n'en restent pas moins responsables.

Les phénomènes dont je m'occupe, même s'ils n'ont pas d'explications rationnelles dans le référentiel médical de notre époque, sont une réalité clinique incontournable. Il est urgent que des recherches avec des protocoles scientifiques modernes soient pratiquées sur ces observations considérées comme non scientifiques. Cela permettrait d'apporter des améliorations de santé considérables à un nombre immense de personnes en souffrance. D'autant plus que la présence de ces ondes croît de façon exponentielle, à une vitesse vertigineuse, mais aussi parce qu'elles sont de plus en plus complexes.

Au moment où la 5G va commencer à s'imposer dans nos villes et nos maisons, il me paraît urgent d'ouvrir grand les yeux, et cela sans *a priori*, sur les vraies causes de la pathogénicité des ondes électromagnétiques qui nous entourent.

Vous êtes invités à venir assister à mes consultations quand vous le voulez pour prendre la mesure de tout ce qui précède mais plus encore, pour pouvoir aider vos patients.

En vous remerciant d'avoir pris le temps de me lire, bien confraternellement,

Docteur Gérard Dieuzaide

Comprendre la physique électromagnétique[79]

Définition et catégories

Le champ électromagnétique est une onde constituée d'un champ électrique et d'un champ magnétique perpendiculaires l'un à l'autre, oscillants et qui se propagent en ligne droite dans le vide ou dans un milieu transparent. On définit sa fréquence, communément désignée par la lettre grecque ν (*nu*), comme son nombre d'oscillations par seconde et sa longueur d'onde, désignée par la lettre grecque λ (*lambda*), comme la distance qu'il parcourt pendant une période d'oscillation. La vitesse de propagation de ce champ dans le vide, c, appelée vitesse de la lumière, est d'environ 300 000 km par seconde.

Les ondes électromagnétiques sont classées d'après leur fréquence d'oscillation, ou de manière équivalente par leur longueur d'onde. Par ordre croissant des fréquences (donc décroissant de longueur d'onde), on distingue :

- les ondes radio dont la longueur d'onde va de plusieurs km à quelques mm ;
- les rayonnements infrarouges (IR) dont la longueur d'onde va du mm à 0,8 micron (un micron vaut un millième de millimètre) ;
- la lumière visible de 0,8 à 0,4 micron ;
- les ultraviolets (UV) de 0,4 micron à quelques angströms (un angström vaut un dix millième de micron) ;
- les rayons X, et enfin les rayons gamma.

Il existe donc une immense gamme de longueurs d'onde pour un même phénomène physique.

79. Partie reprise de Connaissance des énergies, Fiches pédagogiques, « Champs électromagnétiques et énergie ».

L'électromagnétisme relève de la mécanique quantique, ce qui signifie que si on peut décrire ce rayonnement par une onde comme on vient de le voir, on peut également le décrire comme un flux de particules, les photons. Un photon est une particule curieuse qui n'existe pas à l'arrêt, mais qui se déplace dans le vide à la vitesse c et transporte une énergie hν où h est la constante de Planck (6,626.10-34 joules/s).

Il faut savoir qu'un rayonnement électromagnétique est émis par les atomes de toute matière, chaque matière ayant une signature électromagnétique. C'est ce rayonnement (visible, infrarouge, ultraviolet, X, etc.) qu'observent les astronomes et qui leur permet de savoir ce qui se passe dans les étoiles et les galaxies les plus lointaines. Le Soleil émet une grande quantité de rayonnement, notamment dans le visible (ce qui nous éclaire), mais aussi dans l'infrarouge (ce qui chauffe notre main si on la met au soleil) et dans l'ultraviolet (ce qui nous donne des coups de soleil mais permet aussi de produire de l'électricité par effet photovoltaïque).

L'être humain sait créer du rayonnement électromagnétique comme les lasers, les ondes radio ou celles qu'utilisent nos téléphones portables. Ce rayonnement est largement utilisé pour transporter de l'information.

Un monde extraordinairement complexe

Je vous en donne ici quelques bases fondamentales.

Les champs électromagnétiques d'origine naturelle, bien que non perceptibles par l'œil humain, sont partout présents dans notre environnement. Ainsi, l'apparition en certains points de l'atmosphère de charges électriques sous l'influence d'orages donne naissance à un champ électrique. L'orientation de l'aiguille aimantée d'une boussole dans la direction nord-sud est due au champ magnétique terrestre qui est également utilisé comme aide à la navigation par les oiseaux et les poissons.

Le champ électrique

C'est à proximité immédiate d'une charge électrique ou d'un conducteur sous tension que le champ électrique est le plus élevé et son intensité diminue rapidement avec la distance. Les conducteurs métalliques peuvent constituer un blindage efficace contre les champs électriques. Les matériaux de construction, les arbres, etc., confèrent également une certaine protection. Autrement dit, le champ électrique créé par les lignes de transport d'électricité situées à l'extérieur est réduit par la présence de murs, de bâtiments ou d'arbres. Lorsque ces lignes sont enterrées, le champ électrique en surface est à peine décelable.

Pour résumer :

- La mise sous tension d'un conducteur crée un champ électrique.
- Ce champ se mesure en volts par mètre (V/m).
- Le champ électrique peut exister même lorsqu'un appareil électrique est éteint.
- L'intensité du champ diminue lorsque sa distance à la source augmente.

Les champs magnétiques sont provoqués par le déplacement de charges électriques. L'intensité d'un champ magnétique se mesure en ampères par mètre (A/m), toutefois dans la recherche et les applications techniques il est plus courant d'utiliser une autre grandeur liée à celle-ci, la densité de flux magnétique, qui s'exprime en teslas ou plus communément en microteslas (µT). Contrairement au champ électrique, le champ magnétique n'apparaît que lorsqu'un appareil électrique est allumé et que le courant passe. Plus l'intensité du courant est forte, plus le champ magnétique est élevé.
Comme dans le cas du champ électrique, le champ magnétique est **d'autant plus intense qu'on est proche de la source** et il diminue rapidement lorsque la distance augmente. Les matériaux courants tels que les matériaux de construction ne constituent pas un blindage efficace contre les champs magnétiques contrairement aux champs électriques. C'est pour ces raisons que l'on peut prendre les appels des téléphones portables derrière les murs de nos maisons.

Pour résumer :

- Le passage d'un courant électrique crée un champ magnétique.
- Ce champ se mesure en ampères par mètre (A/m). Lorsqu'on étudie les champs électromagnétiques, on utilise plus volontiers une autre grandeur, la densité de flux magnétique, qui s'exprime en milliteslas ou microteslas (mT ou µT).
- Dès que l'on allume un appareil électrique et que le courant passe, un champ magnétique apparaît.
- L'intensité du champ diminue lorsque la distance à la source augmente.

Finalement, l'interaction de ces deux champs, électriques et magnétiques, est appelée champ électromagnétique.

Les champs électromagnétiques

Nous avons globalement quatre types :

1. Ceux de très basse fréquence, c'est-à-dire de moins de 300 Hz, appelés aussi champs FEB. Ils sont produits par le courant électrique fourni par le secteur dans nos maisons, ainsi que par tous les appareils électriques qu'il alimente. Ils sont autour de 50 Hz pour celui de nos maisons.

2. Ceux de moyenne fréquence 300 Hz à 10 MHz proviennent essentiellement de produits comme les écrans d'ordinateur, les dispositifs antivols et autres systèmes de sécurité.

3. Ceux de haute fréquence sont compris entre 10 MHz et 300 GHz et sont appelés radiofréquences. On les appelle aussi hertziens et ultrahertziens. Ils sont le fait de la radio, de la télévision, du radar, des téléphones portables ou des fours à micro-ondes et autre 5G. L'intensité de ces champs se mesure également en watts par mètre carré (W/m^2) soit la densité de puissance. Ce sont ceux des téléphones portables, des émetteurs de radio et de télévision et des radars. Ces champs servent à transmettre des informations à grande distance et ils sont à la base des télécommunications en

général, et notamment des émissions radiotélévisées sur toute la planète.
Dans ces hautes fréquences, les micro-ondes ou hyperfréquences sont produites par des champs électromagnétiques de radiofréquence qui se situent dans la bande des gigahertz. Dans les fours à micro-ondes, elles servent à réchauffer rapidement la nourriture. Dans cette gamme des radiofréquences, champs électriques et champs magnétiques sont étroitement liés et on mesure habituellement leur densité énergétique en watts par mètre carré ($W m^2$). Ils sont interdépendants et constituent les deux composantes du champ électromagnétique qui se propage sous forme d'onde électromagnétique.

Les télécommunications, les antennes émettrices et les fours à micro-ondes sont les sources ordinaires de champs électromagnétiques dans le domaine des radiofréquences. Les fours à micro-ondes fonctionnent avec une fréquence autour de 2,5 GHz. Au début, la 5G va utiliser une seule bande de fréquences, celle des 3,5 GHz. À terme, elle utilisera au minimum deux autres bandes de fréquences, celles des 700 MHz et celle des 26 GHz. Ces fréquences plus hautes encore que celles que nous utilisons aujourd'hui obligent, vu leur courte portée, à un maillage plus serré d'antennes pour être au plus près de l'utilisateur. On monte ainsi en gamme. Le principe de base étant le suivant : plus une bande de fréquences est haute, moins elle porte loin. Plus une bande de fréquence est basse, plus elle se diffuse. La 5G est une très haute fréquence et donc ne porte pas loin, d'où cette nécessité de multiplier les antennes pour relayer l'information mais aussi d'augmenter la puissance pour couvrir un rayon plus ou moins grand, appelé cellule. Dans les zones à forte densité, les opérateurs privilégieront des petites cellules et donc un nombre plus important d'antennes pour apporter un débit plus important par personne et donc une meilleure qualité de service.

4. Le quatrième type d'émission électromagnétique, au-delà des 300 GHz, est appelé rayonnement ionisant. Les ondes électromagnétiques sont transportées par des particules énergétiques

appelées quanta. Plus la fréquence est haute, plus l'énergie véhiculée est importante. L'énergie peut être suffisamment élevée pour briser les liaisons intramoléculaires et intermoléculaires. C'est notamment le cas des rayons gamma émis par les substances radioactives et les rayons X dont se servent les médecins radiologues.
Les autres rayonnements qui n'ont pas suffisamment d'énergie et n'ont pas cette capacité sont dits « non ionisants ».

Les champs électromagnétiques créés par l'activité humaine

À côté des sources naturelles qui composent le spectre électromagnétique, il existe d'autres champs qui résultent de l'activité humaine L'intensité d'un champ électrique se mesure en volts par mètre (V/m). Tout fil électrique sous tension produit un champ électrique dans son voisinage. Ce champ existe même si aucun courant ne circule. Pour une distance donnée du fil, le champ est d'autant plus intense que la tension est plus élevée. La caractérisation d'un champ électromagnétique se fait par la fréquence ou la longueur d'onde de son rayonnement.

La fréquence est le nombre d'oscillations ou de cycles par seconde. La longueur d'onde est égale à la distance entre un point d'une onde et son homologue sur l'onde suivante. On peut faire une analogie avec la distance qui sépare la crête de deux vagues sur la mer. Plus la fréquence est élevée, plus la longueur d'onde est courte et inversement.

Les champs basse fréquence sont ceux faisant moins de 300 Hz, c'est-à-dire qu'ils ont une longueur d'onde très longue, jusqu'à plusieurs centaines de mètres. **Le courant alternatif de nos maisons va créer un champ variable** dans le temps, le courant changeant de sens à intervalles réguliers, par exemple **50 cycles par seconde (50 Hz) pour le courant dans les pays européens**. Un courant alternatif est toujours moins bien supporté qu'un courant continu.

La vision, une interprétation des signaux électromagnétiques

La lumière visible correspond à un rayonnement électromagnétique qui se situe dans une petite tranche du large spectre électromagnétique compris entre 385 THz et 750 THz. Le tableau ci-après montre sa position par rapport à deux bornes de fréquence qui sont celles des infrarouges d'une part et celles des ultraviolets d'autre part. Il est important de comprendre que ce que nous voyons n'est que l'interprétation par les centres de la vision au niveau cérébral de ces signaux électromagnétiques. En clair, toute couleur, toute forme, toute ombre émet une fréquence électromagnétique qui nous permet de voir. Une variation infime de cette fréquence donnera une interprétation différente de ce que l'on regarde.

Comme je l'explique dans ce livre, certains signaux électromagnétiques en dehors de ce spectre de la lumière visible ne seront pas interprétables par les centres de la vision, mais pourront, en interférant avec notre propre système oscillatoire, entraîner ou participer à toutes ces maladies dites de causes inconnues.

Des applications diverses et variées

L'énergie électromagnétique a de multiples applications. Le tableau ci-après récapitule de manière non exhaustive différentes utilisations suivant leur fréquence. Deux principes généraux sont à souligner.

La propagation des ondes dépend de leur fréquence. Ainsi, dans la plage des ondes radio, les ondes longues (fréquence faible) ont en général des capacités à contourner les obstacles et à se propager loin. Par exemple, les ondes kilométriques permettent des transmissions jusqu'à 1 000 km. Au contraire, plus une onde a une fréquence élevée, plus elle a tendance à se comporter comme un faisceau et à nécessiter des communications en ligne directe. C'est typiquement le cas des « micro-ondes », c'est-à-dire des ondes dont la fréquence est comprise entre 1 GHz et 300 GHz, puis des lasers qui couvrent tout le spectre lumineux, du lointain infrarouge à l'ultraviolet.

L'énergie de chaque photon est directement proportionnelle à la fréquence. Ainsi, un photon de rayons X ou gamma a une énergie suffisante pour briser des liaisons au sein même des atomes : ce sont des rayonnements ionisants ayant de multiples applications en recherche scientifique, en biologie, en médecine et en contrôle industriel mais qui peuvent être dangereux.

Nom de la bande	Plage de fréquences	Plage de longueurs d'onde	Exemples d'application
TLF (*Tremendously Low Frequency*)	0-3 Hz	Plus de 100 000 km	Courant continu, champ magnétique
ELF (*Extremely Low Frequency*)	3 Hz-30 Hz	100 000 km-10 000 km	Astronomie
SLF (*Super Low Frequency*)	30 Hz-300 Hz	10 000 km-1 000 km	Courant domestique
ULF (*Ultra Low Frequency*)	300 Hz-3 kHz	1 000 km-100 km	Téléphonie filaire
VLF (*Very Low Frequency*)	3 kHz-30 kHz	100 km-10 km	Courant porteur bas débit, communications sous-marines
LF (*Low Frequency*)	30 kHz-300 kHz	10 km-1 km	Radio AM grandes ondes, radionavigation
MF (*Medium Frequency*)	300 kHz-3 MHz	1 km-100 m	Radio AM petites ondes, radio amateur, radio AM numérique (DRM)
HF (*High Frequency*)	3 MHz-30 MHz	100 m-10 m	Radio maritime et aéronautique, CB
VHF (*Very High Frequency*)	30 MHz-300 MHz	10 m-1 m	Radio FM, télévision hertzienne, réseaux privés et militaires
UHF (*Ultra High Frequency*)	300 MHz-3 GHz	1 m-10 cm	Téléphone mobile, téléphone sans fil DECT, Wi-Fi, Bluetooth, GPS
SHF (*Super High Frequency*)	3 GHz-30 GHz	10 cm-1 cm	Sans fil haut débit (Wi-Fi, WiMAX, UWB, 3G), satellites
EHF (*Extremely High Frequency*)	30 GHz-300 GHz	1 cm-1 mm	Radars
FIR (*Far Infra Red*)	300 GHz-3 THz	1 mm-100 µm	Laser infrarouge, spectroscopie
MIR (*Medium Infra Red*)	3 THz-30 THz	100 µm-10 µm	Imagerie infrarouge frontale
NIR (*Near Infra Red*)	30 THz-300 THz	10 µm-1 µm	Détecteur infrarouge, vision de nuit
NUV (*Near Ultra Violet*)	300 THz-3 PHz (10^{12}-10^{15} Hz)	1 µm-100 nm	Lumière visible, lampes UV, LED, lasers
EUV (*Extreme Ultra Violet*)	3 PHz-30 PHz	100 nm-10 nm	Lithographie UV
X (rayons X)	30 PHz-30 EHz (10^{21} Hz)	10 nm-10 pm	Imagerie médicale, cristallographie
Y (rayons gamma)	30 EHz-300 EHz	10 pm-1 pm	Physique nucléaire, scintigraphie

Bibliographie

Best Simon et Smith Cyril W., *L'Homme électromagnétique*, éd. Marco Pietteur, 2003.

Colas Romain, « Fréquences téléphonie mobile : comment ça marche ? », DegroupNews.

Collectif, *Amalgames dentaires – Un problème de santé publique*, éd. Marco Pietteur, 2002.

Crèvecœur Jean-Jacques, « Doute #2 : Faut-il douter de la médecine scientifique ? », dans « Douter pour se guérir ! », creer-une-meilleure-vie.

Guyonnet Jean-Jacques, *et al.*, « Électrogalvanisme buccal et sa pathologie », em-consulte, janvier 1993.Horel Stéphane, *Lobbytomie – Comment les lobbies empoisonnent nos vies et la démocratie*, éd. La Découverte, 2018.

Joyeux Henri, *Changez d'alimentation*, Éditions du Rocher, 2013.

Marlien Éric, *Le Système nerveux autonome – De la théorie polyvagale au développement psychosomatique. Applications thérapeutiques et ostéopathiques*, éd. Sully, 2018.

Mussi Roger et Perrier Jean-Jacques, *Je mange ce qui me réussit – Le guide pour repérer et soigner toutes vos intolérances alimentaires*, éd. Flammarion, 2015.

Paris Robert, « Qu'est-ce que le "phénomène" en sciences et en philosophie ? », matierevolution, 16 mars 2014.

Ronecker Jean-Paul, *L'Énergie vibratoire des ondes de forme*, éd. Dangles, 1999.

Staune Jean, *Notre existence a-t-elle un sens ? – Une enquête scientifique et philosophique*, Presses de la Renaissance, 2007.

Sternheimer Joël, « Musique des particules élémentaires », *Le Cahier du collège international de philosophie*, n° 3, mars 1987, p. 180-182.

VILLANI Cédric et LONGUET Gérard, « Quelle prise en compte de l'hypersensibilité électromagnétique ? », Office parlementaire d'évaluation des choix scientifiques et technologiques, site du Sénat, 12 juillet 2018.

WILLEM Jean-Pierre, *Les Intolérances alimentaires – « Je ne veux plus être malade ! »*, éd. Guy Trédaniel éditeur, 2012.

Sites Internet

Jean-Pierre Willem, Faculté libre de médecines naturelles et d'ethnomédecine, www.flmne.org

Organisation mondiale de la santé, www.who.int/fr

Pour rassembler, informer et agir sur les risques liés aux technologies électromagnétiques, www.priartem.fr

Robin des toits, www.robindestoits.org

Next-up Organisation, www.next-up.org

Alternative santé, « ondes électromagnétiques », www.alternative-sante.fr/ondes-electromagnetiques

30 000 publications scientifiques sur l'effet des ondes électromagnétiques sur la matière vivante

(Annexe au chapitre 4)

Rolf Symons, *et al.*, « *CMR and CT of the Patient With Cardiac Devices: Safety, Efficacy, and Optimization Strategies* », *JACC : Cardiovascular Imaging*, n° 12, 5 mai 2019.

Sayantanava Mitra, *et al.*, « *Statistical power estimation in non-invasive brain stimulation studies and its clinical implications: An exploratory study of the meta-analyses* », *Asian Journal of Psychiatry*, n° 44, août 2019.

Teresa Schuhmann, *et al.*, « *Left parietal tACS at alpha frequency induces a shift of visuospatial attention* », *PLoS One*, n° 14, 27 novembre 2019.

Péter Döme, *et al.*, « *The Use of Repetitive Transcranial Magnetic Stimulation (rTMS) in the Treatment of Major Depressive Disorder: Theoretical and Practical Considerations* », *Psychiatria Hungarica*, n° 35, janvier 2020.

Francis Houde, *et al.*, « *Combining Transcranial Direct Current Stimulation and Transcutaneous Electrical Nerve Stimulation to Relieve Persistent Pain in a Patient Suffering from Complex Regional Pain Syndrome: A Case Report* », *Journal of Pain*, n° 13, 2 mars 2020.

John E. Fleming, *et al.*, « *Simulation of Closed-Loop Deep Brain Stimulation Control Schemes for Suppression of Pathological Beta Oscillations in Parkinson's Disease* », *Frontiers in Neuroscience*, 5 mars 2020.

Orkun Koban, *et al.*, « *The effect of subthalamic nucleus – Deep brain stimulation and different stimulation frequencies on cerebral hemodynamics in Parkinson's disease: A transcranial doppler study* », *Clinical Neurology and Neurosurgery*, 10 mars 2020.

Shayan Gong, *et al.*, « *Harmonic Magnetic Field Analysis based on UHVDC Smoothing Reactor* », 2019 IEEE 2nd International Conference on Automation, Electronics and Electrical Engineering (AUTEEE), Institute of Electrical and Electronics Engineers (IEEE), 12 mars 2020.

Nunzio Pucci, *et al.*, « *Effect of Fields Generated Through Wireless Power Transfer on Implantable Biomedical Devices* », 2019 IEEE PELS Workshop on Emerging Technologies: Wireless Power Transfer (WoW), Institute of Electrical and Electronics Engineers (IEEE), 12 mars 2020.

Raquel Ramirez-Vazquez, *et al.*, « *Georeferencing of Personal Exposure to Radiofrequency Electromagnetic Fields from Wi-Fi in a University Area* », *International Journal of Environmental Research and Public Health*, n° 17, 14 mars 2020.

Tsutomu Nishimura, « *The Parietal Eye of Lizards* (Pogona vitticeps) *Needs Light at a Wavelength Lower than 580 nm to Activate Light-Dependent Magnetoreception* », *Animals*, n° 10, 15 mars 2020.

Lucas Borrione, *et al.*, « *Precision non-implantable neuromodulation therapies: a perspective for the depressed brain* », *Brazilian Journal of Psychiatry*, 16 mars 2020.

Yoshinori Matsuda, *et al.*, « *Analysis of Pole-Ascending-Descending Action by Insects Subjected to High Voltage Electric Fields* », *Insects*, n° 11, 16 mars 2020.

Ashikur Rahman, *et al.*, « *CPW-fed Ultra-wideband Flexible Disc Monopole Antenna Design for Early Detection of Brain Stroke* », 2019 International Conference on Computer, Communication, Chemical, Materials and Electronic Engineering (IC4ME2), Institute of Electrical and Electronics Engineers (IEEE), 16 mars 2020.

Jaget Singh, *et al.*, « *Design and SAR Analysis of a body wearable Textile patch Antenna* », 2019 Third International Conference on Inventive Systems and Control (ICISC), Institute of Electrical and Electronics Engineers (IEEE), 16 mars 2020.

Wai-Jia Zhang, « *Flagella and Swimming Behavior of Marine Magnetotactic Bacteria* », *Biomolecules*, n° 10, 16 mars 2020.

Hitoshi Mori, *et al.*, « *Numerical Analysis of Eddy Current Distribution in Submental Region Induced by Magnetic Stimulation for Treating*

Dysphagia », *IEEE Transactions on Neural Systems and Rehabilitation Engineering*, n° 28, 17 mars 2020.

Stacey L. Martens, *et al.*, « *600-ns pulsed electric fields affect inactivation and antibiotic susceptibilities of* Escherichia coli *and* Lactobacillus acidophilus », *AMB Express*, n° 55, 18 mars 2020.

Padmathilagam Sambandam, *et al.*, « *Miniaturized Button-Like WBAN Antenna for Off-Body Communication* », *IEEE Transactions on Antennas and Propagation*, n° 68, 18 mars 2020.

Anirban Bose, *et al.*, « *Time-dependent Enhancement of Fluorescence From Rhodobacter Capsulatus SB1003 and Its Critical Dependence on Concentration Temperature and Static Magnetic Field* », *Journal of Biological Physics*, n° 46, 19 mars 2020.

Balaka Biswas, *et al.*, « *Miniaturised wideband ingestible antenna for wireless capsule endoscopy* », *IET Microwaves, Antennas & Propagation*, n° 14, 19 mars 2020.

Ashmita Dey, *et al.*, « *A dual band flexible antenna on AMC ground for wearable applications* », 2019 IEEE Asia-Pacific Microwave Conference (APMC), *IEEE Xplore*, 19 mars 2020.

Ekaterina S. Dyachkova, *et al.*, « *Interaction of RF-radiation and Biological Tissues in the Process of Transcutaneous Energy Transfer to Implantable Medical Devices* », 2020 IEEE Conference of Russian Young Researchers in Electrical and Electronic Engineering (EIConRus), *IEEE Xplore*, 19 mars 2020.

Majid B. Hosseinabadi, *et al.*, « *Investigating the effects of vitamins E and C on oxidative stress and hematological parameters among power plant workers: A double-blind randomized controlled clinical trial* », *Toxicology and Industrial Health*, n° 36, 19 mars 2020.

Xianchen Liu, *et al.*, « *Prolonged Mobile Phone Use Is Associated With Poor Academic Performance in Adolescents* », *Cyberpsychol. Behav. Soc. Netw.*, n° 23, 19 mars 2020.

Fernanda Martini, *et al.*, « *Bone Morphogenetic Protein-2 Signaling in the Osteogenic Differentiation of Human Bone Marrow Mesenchymal Stem Cells Induced by Pulsed Electromagnetic Fields* », *International Journal of Molecular Sciences*, n° 21, 19 mars 2020.

Naufal Rizki Septianto, *et al.*, « *Head Phantom Model for Electromagnetic Wave Exposure Study at 2.45 GHz* », 2019 IEEE Asia-Pacific Microwave Conference (APMC), *IEEE Xplore*, 19 mars 2020.

Mohammad Samiei, *et al.*, « *The Effect of Electromagnetic Fields on Survival and Proliferation Rate of Dental Pulp Stem Cells* », *Acta Odontol Scand.*, 19 mars 2020.

Tarakeswar Shaw, *et al.*, « *Wireless Power Transfer System Design for Biomedical Implants at 2.45 GHz* », 2019 IEEE Asia-Pacific Microwave Conference (APMC), *IEEE Xplore*, 19 mars 2020.

Adelina Sh. Tlyauberdina, *et al.*, « Electromagnetic Safety Analysis by Measuring Electromagnetic Fields Levels in the Radiofrequency Range », 2020 IEEE Conference of Russian Young Researchers in Electrical and Electronic Engineering (EIConRus), *IEEE Xplore*, 19 mars 2020.

International Electrotechnical Commission (IEC), « *Effects of lightning strokes on human beings and livestock* », IEC, 20 mars 2020.

Javier Riancho, *et al.*, « *The Role of Magnetic Fields in Neurodegenerative Diseases* », *International Journal of Biometeorology*, 20 mars 2020.

Samta Sharma, *et al.*, « *Effect of Electromagnetic Radiation on Redox Status, Acetylcholine Esterase Activity and Cellular Damage Contributing to the Diminution of the Brain Working Memory in Rats* », *Journal of Chemical Neuroanatomy*, n° 106, 20 mars 2020.

Ryuichi Yamazaki, *et al.*, « *Thumb twitch during repetitive transcranial magnetic stimulation in a case with medication resistant depression: A potential role of caffeine* », *Psychiatry and Clinical Neurosciences*, n° 74, 20 mars 2020.

Julie Lameth, *et al.*, « *Effects of a Single Head Exposure to GSM-1800 MHz Signals on the Transcriptome Profile in the Rat Cerebral Cortex : Enhanced Gene Responses Under Proinflammatory Conditions* », *Neurotoxicity Research*, n° 38, 21 mars 2020.

Monira M. Rageh, *et al.*, « *Magnetic fields enhance the anti-tumor efficacy of low dose cisplatin and reduce the nephrotoxicity* », *Narnyun-Schmiedeberg's Archives of Pharmacology*, 21 mars 2020.

Nikola Djuric, *et al.*, « *Data Acquisition in Narda's Wireless Stations based EMF RATEL Monitoring Network* », 2019 International Conference on Sensing and Instrumentation in IoT Era (ISSI), *IEEE Xplore*, 23 mars 2020.

Feng Du, *et al.*, « *Performance Evaluation and Comparison of two Triple-nuclear RF Resonators for $^{1}H/^{19}F/^{31}P$ MR Imaging at 9.4T* », 2019 IEEE International Conference on Real-time Computing and Robotics (RCAR), Institute of Electrical and Electronics Engineers (IEEE), 23 mars 2020.

Hanyang Wang, « *Analysis of Electromagnetic Energy Absorption in the Human Body for Mobile Terminals* », *IEEE Open Journal of Antennas and Propagation*, n° 1, 23 mars 2020.

Dominique Rauly, *et al.*, « *Distribution of AC Electric Field-Induced Transmembrane Voltage in* Escherichia coli *Cell Wall Layers* », *Bio Electro Magnetics*, n° 41, 24 mars 2020.

Hannah L. Filmer, *et al.*, « *Dissociable Effects of tDCS Polarity on Latent Decision Processes Are Associated With Individual Differences in Neurochemical Concentrations and Cortical Morphology* », *Neuropsychologia*, avril 2020.

Woo Cheol Choi, *et al.*, « *Evaluation of Transmit-Array Lens Antenna for Deep-Seated Hyperthermia Tumor Treatment* », *IEEE Antennas and Wireless Propagation Letters*, n° 19, mai 2020.

Malka N. Halgamuge, *et al.*, « *A meta-analysis of in vitro exposures to weak radiofrequency radiation exposure from mobile phones (1990–2015)* », *Environmental Research*, n° 184, mai 2020.

Lauri J. Letho, *et al.*, « *Orientation selective deep brain stimulation of the subthalamic nucleus in rats* », *NeuroImage*, n° 213, juin 2020.

Garon Perceval, *et al.*, « *Multisession transcranial direct current stimulation facilitates verbal learning and memory consolidation in young and older adults* », *Brain and Language*, n° 205, juin 2020.

Des publications qui innocentent les ondes

(Annexe au chapitre 5)

Commission européenne, *Final Report Summary – ARIMMORA (Advanced Research on Interaction Mechanisms of electroMagnetic exposures with Organisms for Risk Assessment)*, Cordis, 2015.

Stacy Eltiti, *et al.*, « *Short-term Exposure to Mobile Phone Base Station Signals Does Not Affect Cognitive Functioning or Physiological Measures in Individuals Who Report Sensitivity to Electromagnetic Fields and Controls* », *Bioelectromagnetics*, n° 30, octobre 2009.

Stacy Eltiti, *et al.*, « *Aggregated Data From Two Double-Blind Base Station Provocation Studies Comparing Individuals With Idiopathic Environmental Intolerance With Attribution to Electromagnetic Fields and Controls* », *Bioelectromagnetics*, n° 36, février 2015.

Anke Huss, *et al.*, « *Residence Near Power Lines and Mortality From Neurodegenerative Diseases: Longitudinal Study of the Swiss Population* », *American Journal of Epidemiology*, n° 169, 15 janvier 2015.

International Agency for Research of Cancer (IARC), *Non-ionizing radiation. Part 1: Static and Extremely low-frequency (ELF) electric and magnetic fields*, IARC Press, 2002.

Myoung S. Kwon, *et al.*, « *Effects of Mobile Phone Electromagnetic Fields: Critical Evaluation of Behavioral and Neurophysiological Studies* », *Bioelectromagnetics*, n° 32, mai 2011.

Norbert Leitgeb, « *Childhood Leukemia not Linked with ELF Magnetic Fields* », *Journal of Electromagnetic Analysis and Applications*, n° 6, juillet 2014.

Martina P. Lieb, *et al.*, « *Low-frequency magnetic fields do not aggravate disease in mouse models of Alzheimer's disease and amyotrophic lateral sclerosis* », *Scientific Reports*, 26 février 2015.

Caroline Lustenberger, *et al.*, « *Inter-individual and Intra-Individual Variation of the Effects of Pulsed RF EMF Exposure on the Human Sleep EEG* », *Bioelectromagnetics*, n° 36, février 2015.

Jarry T. Porsius, *et al.*, « *Symptom Reporting After the Introduction of a New High-Voltage Power Line: A Prospective Field Study* », *Environmental Research*, n° 138, 20 février 2015.

Denise Wallace, *et al.*, « *Do TETRA (Airwave) Base Station Signals Have a Short-Term Impact on Health and Well-Being? A Randomized Double-Blind Provocation Study* », *Environ. Health Perspectives*, n° 118, juin 2010.

Nancy Wertheimer, *et al.*, « Electrical wiring configurations and childhood cancer », *American Journal of Epidemiology*, n° 109, mars 1979.

Table des matières

Cet ouvrage a été achevé d'imprimer par la SEPEC en mars 2021.
Imprimé en France.
Dépôt légal : avril 2021
Numéro d'impression : 04875210107

IMPRIM'VERT®

PEFC™ 10-31-1470 / Certifié PEFC / Ce produit est issu de forêts gérées durablement et de sources contrôlées. / pefc-france.org